PHP
Business Shinsho

ざっくりわかる
「決算書」分析

Yoichi Ishijima
石島　洋一

PHPビジネス新書

はじめに

『短時間で決算書の分析ができるようになりたい!!』

誰でも時間を短縮しながら、学びたいものです。しかも、専門的に学ぶ人は別にして、あまり細かなことにこだわらず、一般的に重要とされることを学べば十分という人は多いと思います。

この本は、決算書分析＝経営分析の入門書です。難しいこと、専門的なことはあまり書いてありません。

「この本1冊で決算書や経営分析のすべてがわかる」などという誇大広告はいたしません。

しかし、この本を読んでいただいた読者が、「興味を持って読めて、経営分析のイロハがざっくりわかった！」という満足感を持っていただけるものと確信しています。

私は公認会計士ですが、商学部出身ではありません。もっとも、何学部であれ、大学ではほとんど勉強してこなかったのですから、商学部にいても同じ結果だったかもしれませんが、要は学生時代に専門的に会計学を勉強したわけではありません。

それどころか、少々恥ずかしい話ですが、学生時代の不勉強が原因で、就職浪人をしました。日本経済史上で一番就職が簡単な時代に就職浪人をしたのです。何か資格を取って巻き返そうと決意しました。

その時に、私が挑んだ資格は中小企業診断士でした。もう50年近く前になりますから、当時の中小企業診断士試験は今ほど難しくはありませんでした。おそらく私は、就職浪人までして、中小企業診断士の資格を取った第1号でしょう。

診断士試験の試験科目に「財務管理」がありましたから、そこで決算書の基本中の基本は学びましたが、簿記などまったく知りませんでした。簿記を学び、決算書の仕組みを知り、経営分析にと入っていくのが、王道だと思います。

それに対して本書は「いきなり決算書分析」という〝いきなり派〟にも対応した本です。正直、あまりに細かな事項はあえてカットしてあります。できるだけわかりやすく、そして基本的なことはまんべんなく、そんなことに配慮しながら書き上げました。

ぜひ、決算書および経営分析の世界に入っていただき、分析の面白さを味わっていただきたいと思います。

ビジネスパーソンとして、必ず知っておきたい会計の世界、本書がそんな世界への道案内人になれれば幸いです。

令和元年6月

石島洋一

ざっくりわかる「決算書」分析 ● 目次

PART4 分析結果を「経営改善」に活かす
――今、すべきことが見えてくる

PART 1

「決算書分析の基本」を押さえておこう

——2つの決算書をどう読むか？

1 決算書と経営分析

まずは「2つの決算書」の分析から始めよう

●「損益計算書と貸借対照表」って要するに何？

今や決算書が読めることは、よきビジネスパーソンの必須条件と言われています。

しかし、何の知識もなく決算書を見ても、単なる数字の羅列……。ボーと見ていてもわかるはずはなく、ましてや面白いはずはありません。

まずは決算書がどのようなものから構成されているか、基本中の基本から、話を進めていきましょう。

決算書は、

①**損益計算書**（そんえきけいさんしょ）

②**貸借対照表**（たいしゃくたいしょうひょう）

③キャッシュフロー計算書

の3つから成っています。これらを「財務三表《ざいむさんぴょう》」といいます。

商品を売る会社を考えてみましょう。この会社は、お客様に商品を売り、売上を計上します。同時にその売上を上げるために商品の仕入れをしたり、経費を使ったりします。

「損益計算書」というのは、決算日までの1年間にどのくらいの売上があり、どのような費用がかかり、結果的にいくら儲かったかを示す表です。その会社の1年間の経営成績を示しています。

一方、**「貸借対照表」**は、決算日現在で、どのような財産があり、どのような借金があるか、その一覧表です。決算日で時間を止めて、その日にどんな財産や借金がいくらくらいあるかの一覧表が貸借対照表なのです。

つまり、1年間の経営成績を示しているのが「損益計算書」で、その結果、決算日にどのような財産や借金を持つようになったのかを示しているのが貸借対照表です。

先に理解したい人はP.142参照

●キャッシュフロー計算書は後回しでOK！

では、もう1つの「**キャッシュフロー計算書**」とは何か。

これについては、少々複雑ですので、今説明するより後でお話ししたほうがよいと思います。その時にゆっくり理解することにしましょう。

しばらくの間は、損益計算書と貸借対照表の2つを見ていくことにします。そして、決算書分析は、損益計算書と貸借対照表の分析の仕方を理解できれば十分に合格です。

経営分析は3つの決算書で行う

会社の状況を知りたい

決 算 書

儲けは？	財産や借金は？	
損益計算書	貸借対照表	キャッシュフロー計算書

損益計算書

売上高	100
売上原価	70
売上総利益	30
営業経費	20
営業利益	10

1年間にどれくらい儲かったかを示す表

貸借対照表

資産の部	
現金	20
売掛金	10
商品	15
…	…

どんな財産がありどんな借金があるかを示す表

キャッシュフロー計算書

Ⅰ 営業活動によるCF	
純利益	8
減価償却費	3
売上債権減少	2

その会社のキャッシュの状況を示す表

1年間の経営成績 → その結果こうなった → 財産などの一覧表

142ページ以降で説明します。まずは損益計算書と貸借対照表の見方を知りましょう。

2 決算書分析のポイント

儲かっている会社と安定性のある会社、どちらがよい会社?

●「儲かっているのに潰れる」のはなぜ?

「儲けたい」
「潰れたくない」

企業経営をする人にとって、この2つの思いは絶対に必要なものです。同時に、株式投資をする人や企業の利害関係者にとっても不可欠な観点です。

「この企業は収益性が高いか、儲かっているか」
「この企業の安全性(流動性)はどうか、潰れることはないか」

決算書の分析をする時も、この**「収益性」**と**「安全性」**に対する観点は非常に重要です。

収益性と安全性は無縁のものではありません。それどころか、非常に密接な関係を持っています。収益性が高く、儲かっている会社は安全性が高いのが普通だからです。

それなら、収益性だけで経営力の判断ができそうですが、そうそう単純でもないのです。収益力があれば絶対に潰れない……。残念ながらそんなことはないのです。**収益力が高い＝利益が多い会社であっても、倒産の危険性はある**のです。

なぜか。そもそも、「儲けとは何か」を考えてみる必要がありそうです。

●「お金をもらったら売上」ではない？

まず、売上について考えます。帳簿に売上があったことを示すのはいつでしょうか。

最もわかりやすいのは、売上代金を現金でもらった場合ですが、現代の会計では、現金の授受の時に売上を計上する方法（現金主義）を否定しています。今日の経済は、信用経済を前提にしています。小売業などを除けば、商品は渡すけれども代金は後でまとめて、という方式が多いのです。

売上は、お客様に商品を引き渡した時に帳簿に計上するのが普通です。代金を受け取った時ではありません。ですから、売上を計上し、そのことによって**利益が発生したとしても、現金があるという保証はない**のです。つまり、売上の計上時期と現金の入金時期がズレているのです。「勘定合って銭足らず」という言葉があるように、利益があることは、現金があり潰れない（安全性）こととは同じではないのです。

●安全性と収益性はどちらが重要か？

先ほど、決算書の分析をする時の重要な観点は、収益性と安全性だと述べましたが、では、このどちらが優先されるのでしょうか。

「もちろん、両方です」と答えるのがいちばん無難かもしれません。

資金繰りは非常に重要！

しかし、企業は赤字決算であっても、それだけの理由で潰れることはありません。資金を提供してくれる人がいれば、経営継続は可能です（実際には、赤字を出し続ければ、資金提供者もいなくなるでしょうが）。逆に、利益が出ていても、一時的にでも資金が不足すれば、会社継続は困難になります。

つまり、資金の管理が非常に重要なのです。資金不足で支払不能を起こさないという意味での安全性が最低限の絶対的必要条件、十分な利益を確保していくことが、企業の目指すべき目標と言うことができるでしょう。

もっとも、ここでは例外的な状況を強調し過ぎた感があります。一般的には収益性の高い会社は安全性も高いものです。この点は誤解がないようにしてください。

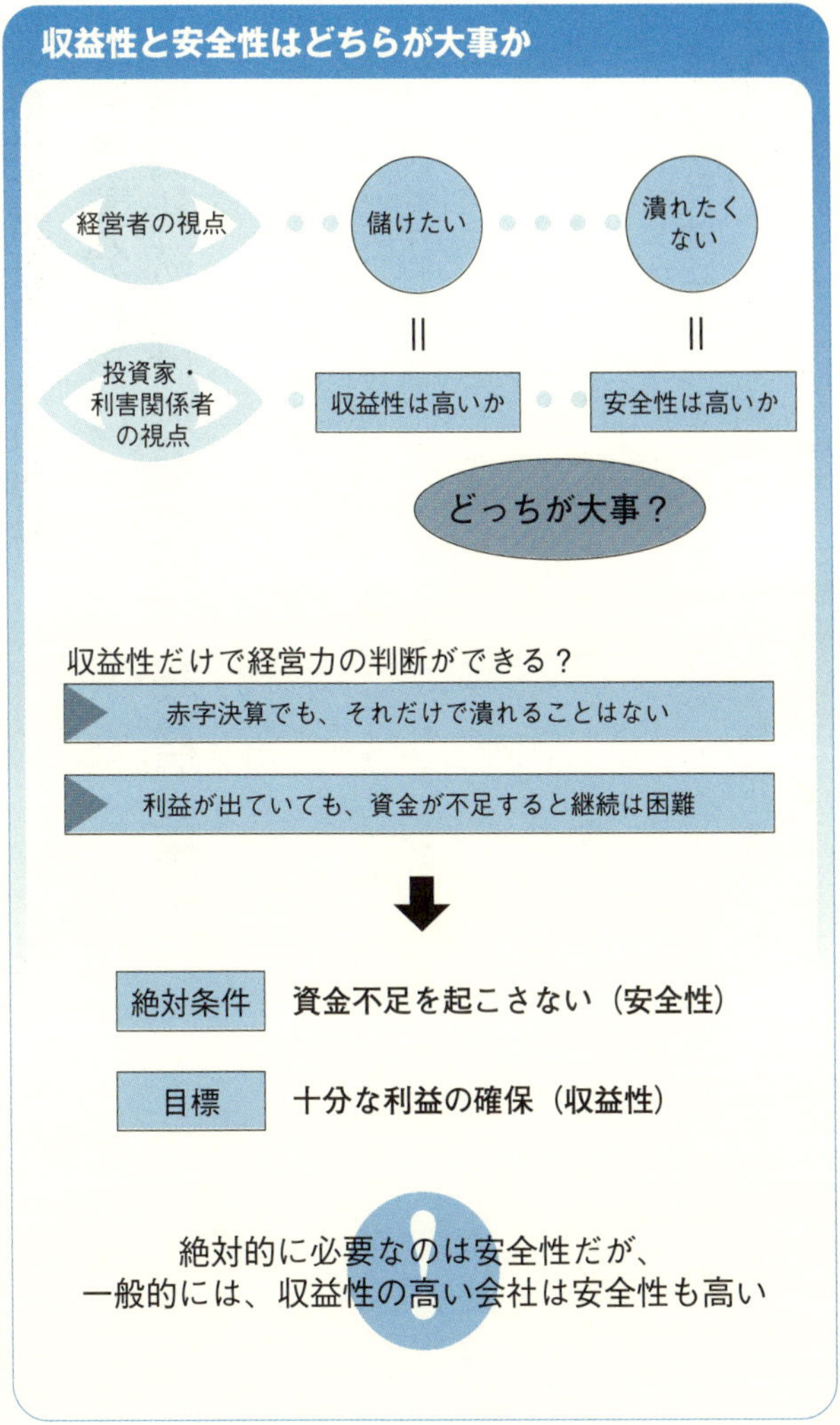
収益性と安全性はどちらが大事か
経営者の視点
儲けたい
潰れたくない
=
=
投資家・利害関係者の視点
収益性は高いか
安全性は高いか
どっちが大事？
収益性だけで経営力の判断ができる？
赤字決算でも、それだけで潰れることはない
利益が出ていても、資金が不足すると継続は困難
絶対条件
資金不足を起こさない（安全性）
目標
十分な利益の確保（収益性）
絶対的に必要なのは安全性だが、
一般的には、収益性の高い会社は安全性も高い

3　損益計算書の5つの利益

決算書分析では、最終利益だけでなく途中経過も重要

●「売上至上主義」はもはや過去

まずは、なじみやすい損益計算書を中心とした収益性の分析を見てみましょう。会社の収益性の状況は、何によって判定すればいいのでしょうか。

今となっては信じがたいことですが、日本経済の一時期、売上至上主義がはびこっていました。「とにかく業界でNO．1となるために売上シェアを上げるのだ！」という号令一下、全社を挙げて売上拡大を目指していたのです。家電の業界など、その最たるものでした。

もちろん、**売上があっても儲けがなくては、収益性の面でも安全性の面でもよいわけはありません。**売上至上主義は、拡大する日本経済の悪しき側面だったかもしれません。

企業にとっては、儲けが重要です。儲けのことを会計の世界では「利益」といっていま

すが、収益性の状況は、この利益の大きさで判定します。

なんといっても大きな利益を上げた企業の評価はよいわけです。「トヨタの利益が2兆円を超えた」「ソフトバンクの今期利益は過去最高」などというニュースは、その企業の好調ぶりを明確に示すことになります。

しかし、実は「利益」といっても、いくつかの段階のものがあるのです。本業で稼いだ利益なのか、あるいは臨時的収入があって計上した利益なのか、一体、どの段階での利益を指しているのか、まずは損益計算書の構造から見ていくことにしましょう。

●損益計算書には5つの利益がある

会社がその1年間でどのくらいの売上を上げ、仕入れや経費がいくらで、結果としていくらの利益を上げたかを示しているのが損益計算書であることは前述しました。

この損益計算書で示される利益には、5つの種類があります。仕入れや経費、税などとの関わり合いによって5つの段階に分かれているのです。

すなわち、

「売上総利益」

「営業利益」
「経常利益」
「税引前当期純利益」
「当期純利益」

の5つです。まずは、それぞれがどんなものであるかを簡単に説明することにしましょう。

●「5つの利益」はとにかく丸暗記！

この5つの利益は死んでも忘れないようにしてください……と言うほどでもないのですが、決算書を分析するうえでは絶対に重要なので、今はわけがわからなくても暗記してください。後で理解が深まります。

以下は暗記で

① **売上総利益**＝売上高－売上原価

売上げた商品の仕入れ値のことを「**売上原価**」といいます。売れた商品の原価（仕入れ値）です。売上総利益は、商品の売上と、売上原価との差額です。売買差益を意味します。俗に粗利益《あらりえき》（荒利益）といいます。

② **営業利益**＝売上総利益－販売費及び一般管理費

営業利益は、①の売上総利益から給料や広告費などの販売費及び一般管理費（俗称・営業経費）を引いた金額です。営業上で稼いだ利益ということで、次の段階の営業外と区分します。決算書の分析では重要な利益となります。

③ **経常利益**＝営業利益＋営業外収益－営業外費用

経常利益は、②の営業利益に営業外収益を加え、営業外費用を引いた利益です。営業外収益とは、受取利息や受取配当金、雑収入など本業以外の儲け、営業外費用とは、支払利息などお金を借りた時の費用などを指します。

この経常利益は、日本では経営分析をする時に非常に重要とされてきました。

④ **税引前当期純利益**＝経常利益＋特別利益－特別損失

③の経常利益までは企業の通常状態の中での利益でしたが、それに臨時的な利益＝特別利益（土地などの固定資産売却益等）を加え、臨時的な損失＝特別損失（災害損失など）を引いた金額を、税引前当期純利益といいます。連結決算では、税金等調整前当期純利益といいます。

⑤ **当期純利益**＝税引前当期純利益－法人税等（法人税等調整額を含む）

その1年間の経営成績を表す最終利益が当期純利益。④から法人税等（法人税、住民税及び事業税）などを差し引いた金額です。

5つの利益を暗記できたでしょうか。暗記してもすぐに忘れるかもしれません。でも、一度暗記した言葉は身近な存在になり、これからの内容の理解が容易になります。私がそうでしたから、皆さんもそうなります（これは個人的経験の押しつけです）。

とはいえ、ここからは、いろいろな会社の分析事例を見ながら、各種利益の理解を進めていくことにしましょう。なお、本書で用いる各社データは平成31年3月期（決算月が異なる時はそれ以前の直近期）の連結決算の数値を用いています。

決算期

決算書分析において、「平成31年3月期の決算数字」といった場合、「平成30年4月～平成31年3月」までの1年間の数字を指す。日本の大企業は3月末決算のところが多いが、決算期をいつにするかは自由。中小企業の決算月はバラついている。

5種類の利益（例）

損益計算書

	売上高	300	……1年間の売上合計
	売上原価	200	……売れた商品や製品の原価
❶	売上総利益	100	
	販売費及び一般管理費	70	……人件費や広告費など（営業経費）
❷	営業利益	30	
	営業外収益	5	……受取利息、雑収入など
	営業外費用	10	……支払利息、手形売却損など
❸	経常利益	25	
	特別利益	4	……固定資産売却益など臨時的な利益
	特別損失	7	……災害損失など臨時的な損失
❹	税引前当期純利益	22	……法人税等を引く前の純利益
	法人税等	10	……正式には「法人税、住民税及び事業税」
❺	当期純利益	12	……企業の年間の最終利益

5種類の利益を記憶することが分析のスタート

4 収益力を把握する

驚異の数字！製薬業界の「粗利益率」が高いのはなぜ？

●売上原価と売上総利益

損益計算書には5段階の利益があり、その第1段階での利益は「売上総利益」でした。この売上総利益のことを俗称で、粗利益と言うことも多くあります。

この売上総利益を求めるためには、売上高から売上原価を差し引くのですが、この売上原価は、その期に商品を仕入れた金額とは異なります。

たとえば、今期新発売のA商品を3億円分仕入れたとしましょう。売れ行きは好調だったのですが、決算日までに売れたのは仕入れた3分の1で、その売上高は2億円でした。

さて、A商品の売上総利益はいくらでしょうか。

答えは、売上の2億円から仕入れの3億円を引いて赤字……という結論ではありません。売上げた2億円のA商品の原価は、仕入れた3億円の3分の1ですから、1億円になります。売上げた商品の原価（仕入れ値）なので、「売上原価」と言うのです。したがって売上総利益は、売上の2億円から売上原価1億円を引いた1億円が答えになります。

一般的に売上原価を求める算式は、次のようになります。

売上原価＝期首商品棚卸高＋当期商品仕入れ高－期末商品棚卸高

この「期末商品棚卸高」というのは、決算日に実際の棚卸しをして、商品在庫の金額（原価ベース）を求めたものです。その期末商品棚卸高が、翌期の期首商品棚卸高になります。

●なんと平均の3倍の粗利益率

さて、製薬業界を代表する会社の1つ、アステラス製薬の損益計算書を見てみましょう。35ページをごらんください。

なんと言っても注目は売上総利益率（粗利益率）の高さです。**売上総利益率とは、売上総利益を売上高で割ったもの**で、決算書分析ではこうした比率がしばしば使われます。アステラスの売上総利益率は77％超です。上場企業のおおよその売上総利益率は25％ぐらいですから、その3倍の利益率です。街で売っている薬の主成分は、粗利益なのでしょうか

（このような発言は叱られるかもしれませんね）。

昔、アステラスと同業の武田薬品の人に聞いたことがあります。

「製薬の業界の粗利益率は高過ぎるのではないでしょうか?」

「そんなことはありません。もちろん、研究開発費などが多くかかることもありますが、薬の業界はいつどんなことがあるか、わかりません。十分な収益性を持っていなければ、企業の安全性が保てないのです」

即座に答えが返ってきました。

それにしても、製薬業界の売上総利益率や営業利益率は高水準です。ちょっとうらやましく感じるのは私だけでしょうか。

棚卸し

年度末などに商品や原材料などの在庫を数えることで、期末の在庫金額を求める作業。小売店なら商品在庫だが、製造業の場合、製品や原材料、製造途中の仕掛品など細かく分類されているので少々複雑になる。期末の商品棚卸しによって得られた数字が「期末商品棚卸高」となる。

製薬業界は売上総利益率（粗利益率）が高い？

アステラス製薬株式会社
損益計算書(抜粋)
18.4-19.3　（単位　億円）

	金額	比率
売上高	13,063	100.0%
売上原価	2,921	22.4%
売上総利益	10,143	77.6%
販売費及び一般管理費	7,704	59.0%
営業利益	2,439	18.7%

IFRS(国際会計基準)採用につき一部修正

各会社の売上総利益率(連結)　（単位　億円）

	売上高	売上総利益	売上総利益率
アステラス製薬	13,063	10,143	77.6%
武田薬品工業	20,972	14,375	68.5%
トヨタ自動車	302,257	54,439	18.0%
日本製鉄	61,779	7,865	12.7%
キーエンス	5,871	4,835	82.4%

収益力の把握は粗利益率の算出からスタート

5　営業経費の分析1「人件費」

「人」に関する費用は、売上高の何％くらいか？

●「営業経費」の問題の大半は……

売上総利益（粗利益）までがまったく同じでも、販売費及び一般管理費（俗称で営業経費）が大幅に違うことがあります。たとえば、左ページの表のようなケースです。A社とB社を見比べてください。

さて、皆さんは経営コンサルタントです。B社の社長から「ウチはどうも営業経費の割合が高いようだが……」と相談されました。誰がどう見ても、営業経費に大きな差があるようです。

さて、この場合、営業経費のどの科目に問題があると考えるのが普通でしょうか。

営業経費に関する何の資料も見せないで答えさせるなんて、データを重視すべき時代に無茶な話かもしれません。でも、多くの方は「給料（あるいは人件費）」と考えたのでは

	A社	B社
売上高	3,000	3,000
売上原価	2,000	2,000
売上総利益	1,000	1,000
営業経費	600	900
営業利益	400	100

ないでしょうか。

意外性がなくて申し訳ないのですが、それでよいのです。

ほとんどの業種・会社では、**営業経費の中でいちばん大きな経費は「人件費」です**。営業経費の半分くらいを人件費が占めていると考えてもよいでしょう。

それだけ、人件費のウエイトは大きいのです。

こうした人件費が売上高の何%くらいになるのか、この比率も決算書分析をする時に重視すべき比率の1つです。

●人件費は給料だけではない

人件費を分析する時に注意しなくてはならないのは、人件費は給料だけではないことです。

賞与や退職金はもちろんですが、社会保険料などの法定福利費、従業員の慶弔《けいちょう》禍福《かふく》や社員旅行などの費用である福利厚生費も人件費に含まれるのです。また、通勤交通費も人件費として分析することが多くなっています。

特に、社会保険料については、給料の15％ぐらいを負担するような水準になっています。人件費を考える時に無視できない項目です。

経営改善をしようとする時に、まず人件費の問題を抜きにして考えることはできません。大胆な経営再編を考える時、機械化により大幅に人的効率がアップする時、競合上経費のカットが不可欠の時……など、人件費は大幅な収益改善を目指す時には必ず登場する、注目しなければならない費用であることは確かです。

?

法定福利費

社会保険料の会社負担分。厚生年金や健康保険の保険料は会社と社員で折半だが、雇用保険は会社負担分のほうが多い。また、労災保険は全額会社負担。最近、政策的にパートなども社会保険に加入させようという動きがあり、企業の費用負担は増えている。

営業経費に占める人件費の割合は大きい

営業経費

業種によっても差があるが、営業経費の半分くらいは人件費

人件費の内訳

人件費
- 給料
- 賞与
- 退職金
- 法定福利費（社会保険料など）
- 福利厚生費（慶弔禍福や社員旅行などの費用）
- 通勤交通費

給料だけが人件費ではない。
賞与はもちろん
社会保険料等も大きい

経営改善は、人件費の問題を抜きにしては考えられない

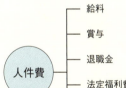

6 営業経費の分析2「広告費等」

過去数年の推移を見て、「徐々に上昇している」経費に要注意！

●前年だけでなく、過去5年分を比較してみよう

決算書分析において、前年度の実績と比較してみることは、非常に有効な分析手法です。特に、営業経費の分析に関しては非常にわかりやすく、なぜその経費が増加したのかなどを分析してみることが重要です。

ただし、2期間の比較だけだと、たまたまその年に特殊事情がある場合など、比較がムダになることがあります。そこで考えたいのが、もう少し長い期間での費用の分析です。**ある基準年度の経費の金額を100として、どのように変化しているかを見る**わけです。

左ページの図表の例は、売上高、人件費、広告費、運賃について、5年前を100として作った表です。指数だけのほうが見やすいかもしれませんが、金額も入れてあります。金額の大きさで重要性が判断されるからです。

営業経費を分析してみる

売上高・経費等の5年間推移表（例）

××1年＝100

	××1年	××2年	××3年	××4年	××5年
売上高	3,812	3,925	3,895	4,120	4,350
指数	100.0	103.0	102.2	108.1	114.1
人件費	702	715	725	745	761
指数	100.0	101.9	103.3	106.1	108.4
広告費	89	95	110	115	125
指数	100.0	106.7	123.6	129.2	140.4
運賃	65	65	66	70	72
指数	100.0	100.0	101.5	107.7	110.8

グラフ化すると

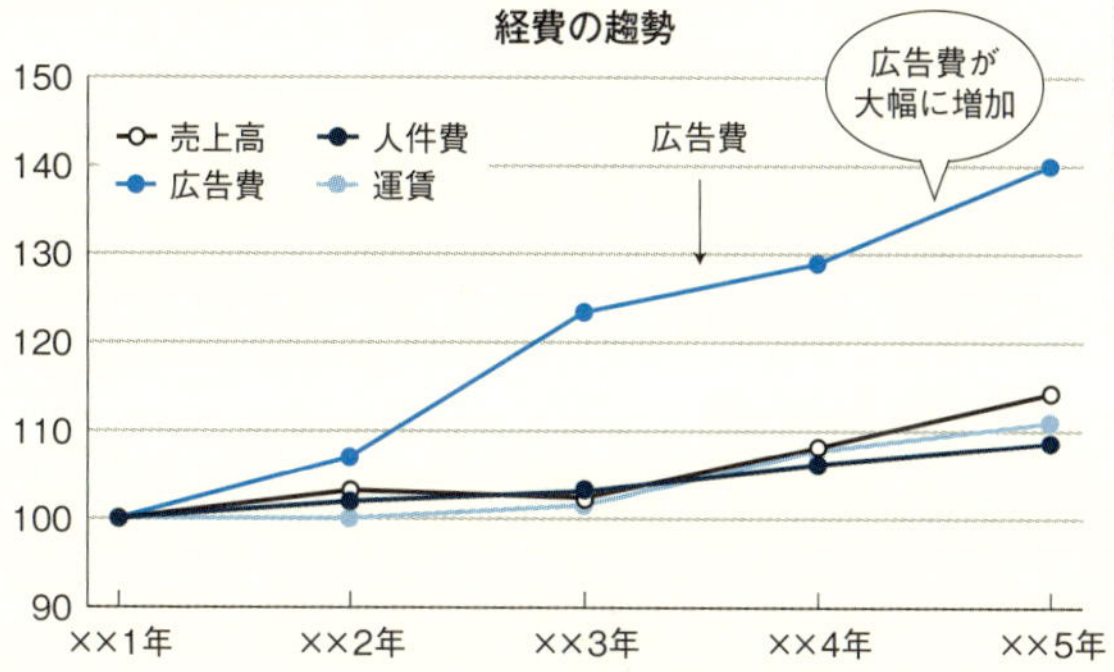

過去数年を比較すると、
大幅に変化している費用がわかる

この図表を見ると、明らかに広告費の金額が増加しているのがわかります。さらにグラフ化すれば、はっきりと変化が読みとれます。

こうした営業経費の分析で注意したいのは、ある種の意思決定によって、特定の費用科目が増加する反面、別の費用科目が減少するケースがあることです。

たとえば、今までは借りていた店舗等を購入した場合はどうでしょう。「貸借料」が減るかわり、店舗等の固定資産の時の経過による価値減少分＝「減価償却費」が増えることになります。

このように、ある経費の増減原因を追求してみると、「そういう理由だったのか」と簡単に納得してしまう場合も少なくありません。経費増減の背景を考えることは重要です。

●営業経費の「業界平均との比較」は有効か？

「営業経費を10種類挙げてください」

研修会で、2分程度の時間を使って挙げてもらうと、10種類以上の営業経費を挙げられる人は1割前後です。

給料、賞与、法定福利費、福利厚生費、広告費、交通費、水道光熱費、通信費、租税公

課、保険料、減価償却費、修繕費、諸会費、交際費、会議費、研究開発費、雑費……。他にもあるでしょうが、これらの科目はどのように分析すればよいのでしょうか。

前述したように、自社の過年度との比較は有効で、これは容易です。

他社、または業界平均値との比較はどうでしょう。

実は営業経費の勘定科目の使い方は自由で、会社ごとにかなり異なっています。したがって、業界平均値などの指標が勘定科目単位では取りにくいのです。

実際に各種の経営指標を見ても、人件費以外で指標に使われている営業経費の科目は広告費くらいです。そうした意味からすると、**各経費が多いかどうかの判断は、業界平均との比較ではなく、自社の前年比較などの時系列比較のほうが有効**であることになります。

減価償却費

建物や車両などの固定資産は、年数の経過とともに劣化していく。この価値減少分が減価償却費。減価償却費がいくらかは誰も判定できないため、税法でその計算方法を決めている。減価償却費は他の経費と違い、資金支出を伴わない費用である点が特徴。なお、固定資産でも土地は減価償却しない。

中小企業の平均はゼロに近い!? 営業利益率はどのくらいが適正か?

●営業利益の水準はどのくらいあればいい?

売上総利益から販売費及び一般管理費を差し引いた金額が**営業利益**でした。売上高に対して5〜7%ぐらいが営業利益率の平均というところでしょうか。売上高50億の企業なら、2億5000万円から3億5000万円くらいです。

ただ、「会社の営業利益って売上の何%くらいだと思う?」と一般社員の方に質問すると、一番多い答えは20%から30%です。営業利益率20%ぐらいを確保している企業はありますが、現実の世の中はそれほどバラ色ではありません。

ましてや**話を中小企業に絞ると営業利益率の平均は2〜3%程度**。あまり儲かっていないのです。事実、儲かって法人税を支払っている企業の割合は最近少し増加したといっても、全体の3分の1強です。つまり3分の2近くの企業が欠損法人、税金を払っていないのです。もっとも、法人税については、赤字を繰り越すことができますから、たとえその期が黒字でも税金を支払う必要のない企業もあるわけで、単年度赤字の企業が全体の3分の2というわけではありません。

しかし、会社が利益を計上することは、そう簡単ではありません。この項で最初に述べた営業利益率5%から7%という水準は大企業レベルの話で、中小企業でこの水準を確保できているのであれば、立派な成績と評価してよいと思います。

●事業利益の定義はいろいろだが……

最近、「事業利益」という言葉を多く目にするようになりました。ただ、この言葉の使い方はいろいろで、3種類ぐらいあるようです。

①営業利益と同義で使う
②営業利益＋受取利息・配当金
③営業利益＋受取利息・配当金＋有価証券売却益

このうち、①は別にして、②、③は金融上の利益も含め、企業が事業で稼ぎ出したすべての利益を指し示しているわけです。ただ、有価証券売却益（手持ちの株式などを売った際の売却益）は意図的に計上することが可能なので、それは外そうというのが②の立場です。

この②の意味で「事業利益」という用語が使われることが多くなっています。特に最近では株主に対して配当をする割合が増えており、経営指標の1つとして事業利益を採用する企業が多くなってきました。

営業利益と事業利益

損益計算書

売上高	10,000
売上原価	7,000
売上総利益	3,000
販売費及び一般管理費	2,300
営業利益	700
受取利息・配当金	100
支払利息	300
経常利益	500

営業利益率は
大企業平均で5～7％
中小企業はほぼゼロ!?

事業利益（営業利益700＋受取利息・配当金100）

事業利益、3つの使い方

①営業利益と同じ
②営業利益＋受取利息・配当金（上記はこちら）
③営業利益＋受取利息・配当金＋有価証券売却益

営業利益率の平均は大企業で５～７％
中小企業で同水準なら立派な成績と言える

8 営業外収益と営業外費用

「営業外がプラスかマイナスか」で、企業の財務体質が見えてくる

●重要じゃないように見えて、けっこう重要

前項まで、売上高、売上原価、売上総利益、販売費及び一般管理費（営業経費）、営業利益と、営業に関する損益状況を見てきました。ここからは「営業外収益」と「営業外費用」について、考えていきましょう。

収益にしろ費用にしろ、「営業外」という言葉がつくと、つい軽視したくなります。重要なものではないと……。しかし、**営業外収益と営業外費用の差は、その企業の財務的体質をよく表している**場合が多いのです。

営業外収益は、預金などからの受取利息、持っている株式からの受取配当金や雑収入など、本来の営業目的ではない収益を指します。もっとも、臨時巨額なものは特別利益になりますから、ここでいう雑収入は毎期経常的に発生するものです。一方、営業外費用は支

払利息や手形の割引に要する費用（割引料、勘定科目としては手形売却損）が代表格です。

この営業外収益と営業外費用との差、これがプラスかマイナスかで、その企業の財務体質が見えてくるのです。

高収益体質を誇るあの有名企業

中小企業では、事業資金を借入金に頼ることが多いのですが、大企業では財務体質が向上したことから、実質無借金の会社も多くなっています。ここでいう実質無借金とは、借入金や社債などの有利子負債の金額より、保有する現金預金のほうが多い会社です。それでも借入金があるのは、銀行とのおつきあいや予備的動機（急な資金需要の時に対処するため）です。

各企業の決算書はHP等でチェック

そうした会社では、営業外収益が大きくなり、最終純利益にも大きな影響を与える場合があります。例として、㈱ヤクルト本社（以下ヤクルト）の数字を見てみましょう。

ヤクルトは、ほどほどに借入金はあるのですが、現金保有も十分ある実質無借金の会社です。ここ数年、売上高に対する営業利益の割合もほぼ10％と、安定した高収益体制を維持しています。

2019年3月期の決算数値を見ると、相変わらず好調な数値ですが、営業利益458億円に対し、営業外収益が129億円もあります。実に営業利益の3割近くもあるのです。営業外費用は16億円程度ですから、営業外収益と営業外費用の差は、100億円を優に超えているのです。

●さらに「支払利息の負担度合い」をチェックしよう

営業外費用の中で特に気になる事項の1つが、借入をした時の利息です。新規に借りた借入金に対しての金利が何%かはもちろんですが、すべての借入金（社債等も含む）の利息がどのくらいになっているかも重要です。

通常は、売上高に対する支払利息の比率で判断します。先ほどのヤクルトの場合で0・2%、トヨタで0・1%程度なのですが、借入金の多い会社では当然、この比率が高くなります。固定資産が非常に多く、そのため借入金の多い電力業界や鉄道会社などでは、金利の低い現在でも売上高に対し1%を超える支払利息となっています。これらの会社は長期の安定収入が確保される業界なのでそう大きな問題ではないと思いますが、**一般の会社で売上高の1%を超える支払利息は、現在の金利水準を考えれば警戒レベル**といえます。

「営業外」はその会社の財務的体質を表す？

ヤクルト本社の数字を見てみると

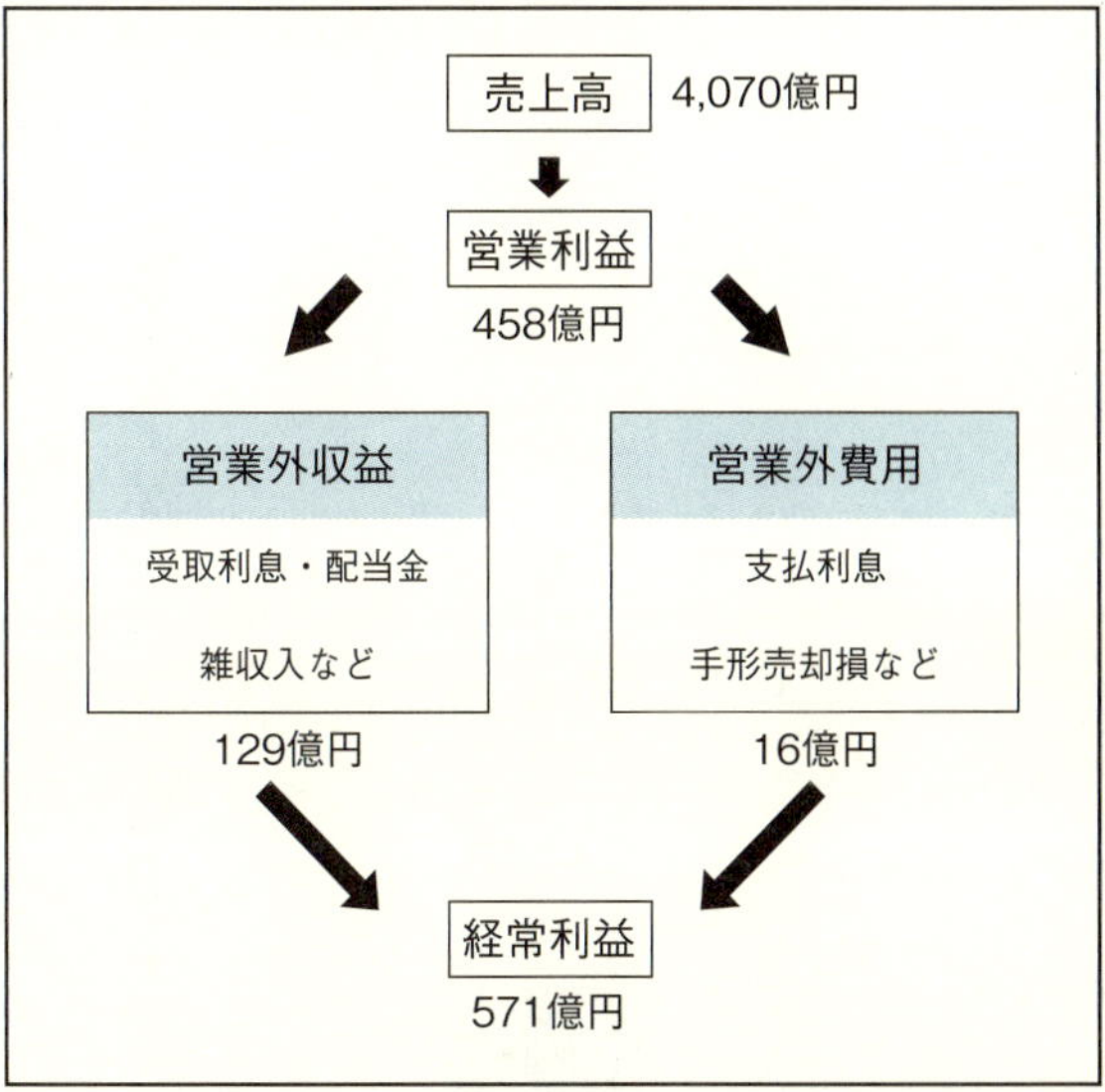

営業外がプラスかマイナスかで、
その企業の財務体質が見える！

財務体質がよいと営業外収益>営業外費用となることも

9　経常利益の分析

ライバル企業との数字の比較には「経常利益」が最適

●経常利益が重視される理由

営業利益に営業外収益を加え、営業外費用を差し引いたものが**経常利益**です。

決算書の分析を進めるうえで、経常利益は最も重要な利益の1つとされています。特に他の会社との比較や、業界平均値との比較、あるいは自社の過年度との比較においては、最適な基準です。

日本企業では昔から、この経常利益の向上を最重要課題にしていたと言っても過言ではありません。

昨年度に比べて最終利益が2倍になった、などという場合でも、その理由が昔から持っていた土地売却による利益だったとしたら、素直に喜べません。

本年度の経営評価は、そうした臨時的な要因は排除して考えるべきでしょう。ですから、土地売却などの臨時的な要素が加味された最終利益以上に、経常利益が重視されてきたのです。

自社の過去の数値との比較以上に、同業他社との比較や業界平均値との比較をする場合であれば、なおさら意味を持つ利益ということになります。少し前までは、経営分析と言えば、この経常利益を起点として行われるものがほとんどでした。

●有名企業2社の売上高対経常利益率を分析

それでは、売上高から経常利益に至るまでの数値を、大手上場企業に登場してもらい、分析してみましょう。

ここで取り上げる2社は、化学業界で幅広く事業を手がけている旭化成と信越化学工業です。

旭化成は繊維や石油化学、エレクトロニクスなどの他、住宅部門でも大きな売上を上げている企業です。

対する信越化学は売上規模では旭化成に及びませんが、塩化ビニル、半導体シリコンで世界NO.1を誇るなど、特徴のある企業です。

2社の比較表を見ると、両方とも優良企業ではあるものの、利益率に関しては信越化学の数値がものすごく高いようです。見方によっては、旭化成が悪い会社にさえ見えてしまいますが、一般的には売上高に対する経常利益の額 **(売上高対経常利益率)** は5%程度ですから、旭化成の数値もその2倍程度。素晴らしい数値なのです。

信越化学は前述の通り、得意とする分野をしっかり持っており、それが高収益につながっており、日本でも有数の超優良企業と言われています。

信越化学の売上規模は、旭化成の7割程度に過ぎませんが、売上総利益でかなり接近、営業利益、経常利益では逆転して大きな差になっています。

経常利益は「企業同士の比較」に最適

旭化成

損益計算書

'18. 4〜19. 3

	旭化成		信越化学	
	億円	%	億円	%
売上高	21,704	100.0	15,940	100.0
売上原価	14,819	68.3	10,400	65.2
売上総利益	6,885	31.7	5,541	34.8
販売費及び一般管理費	4,790	22.1	1,504	9.4
営業利益	2,096	9.7	4,037	25.3
営業外収益	255	1.2	233	1.5
営業外費用	151	0.7	117	0.7
経常利益	2,200	10.1	4,153	26.1

売上高は信越化学より高いが、経常利益は信越化学のほうが高い。それでも、経常利益率10.1％は素晴らしい数字。

売上高は旭化成の7割ほどだが、経常利益は2倍弱。日本屈指の超優良企業と言われるだけあり、非常に高い経常利益率を誇る。

決算書分析において、
経常利益は最も重視されるものの１つ

10 売上高利益率の分析

「百分率損益計算書」を作れば、各種分析が一気にできる！

●損益計算書の分析の基準は売上高

分析は数字の大小だけでなく、率を見ることが重要です。

各種の売上高利益率や経費の分析などは損益計算書を見ながら行いますが、その際には、売上高を基準として計算されます。売上総利益も営業利益も、あるいは人件費や支払利息の多寡《たか》も、売上高を基準として判定されることが多いわけです。

そこで、売上高を100とする損益計算書を作れば、一挙に利益や経費の分析ができてしまいます。それが**百分率損益計算書**です。

何のことはありません。通常の損益計算書の横に、構成比の欄を設ければよいだけです。左の表ではセコムと綜合警備保障（アルソック）の数字を例に挙げています。

両社の差をこのような形にしてみると、どこに大きな差があるか、はっきりします。

百分率損益計算書で見てみよう

セコムと綜合警備保障の百分率損益計算書（19／3）

	セコム		綜合警備	
	億円	%	億円	%
売上高	10,138	100.0	4,435	100.0
売上原価	6,922	68.3	3,342	75.4
売上総利益	3,216	31.7	1,093	24.6
販売費及び一般管理費	1,914	18.9	771	17.4
営業利益	1,302	12.8	323	7.3
営業外収益	196	1.9	41	0.9
営業外費用	50	0.5	25	0.6
経常利益	1,449	14.3	339	7.6
特別利益	19	0.2	9	0.2
特別損失	28	0.3	3	0.1
税引前当期純利益	1,440	14.2	345	7.8
法人税等	392	3.9	108	2.4
当期純利益	1,048	10.3	237	5.3

売上総利益に大きな差が。
これが両社の収益力の違いに直結している。

この両社はテレビCMに登場することも多く、知名度は抜群の会社です。日本の代表的な警備会社と言っていいでしょう。

しかし、やはりセコムが先行した影響は大きく、売上規模では綜合警備はセコムの4割程度しかありません。ただ、実額だけを比較していたのでは、どちらが効率のいい経営をしているのか把握するのは難しいようです。そこで、売上高を100とした比率表で、比率に注目して比較してみましょう。

●販管費の比率はほぼ同じなのに……

最終的な利益である当期純利益の率（売上高対当期純利益率）を見ると、セコムが約10％なのに対し、綜合警備は5％程度です。

私ごとですが、十数年前、ちょっと我が家を留守にした間に泥棒に入られ、大きな被害はなかったのですが、それからホームセキュリティを入れました。毎年毎年機械警備の手数料を払っていますが、累計するともう泥棒被害の何十倍の金額になっています。これでは、何度か泥棒に入られたほうが、安かったでしょうか（笑）。

そうした私の個人的心理状況からすると、この両社の最終純利益率はもっと高いのかなと思っていただけに、比較的良心的な数字に見えます。

それにしても、10%と5%は大きな差です。この差はどこから生まれてきたのでしょうか。

表の上のほうを見ていくと、いきなり売上総利益率で大きな差が出ています。セコム31・7%に対し、綜合警備は24・6%、実に7ポイント以上の差があるのです。

その下の販売費及び一般管理費の率ではあまり差がありません。むしろ、綜合警備のほうが低いのです。そのように見ていくと、売上原価率の差が最終利益率の差に影響を与えていることがはっきりします。

警備会社も最近は機械警備が多くなっており、規模の大きなセコムに有利な状況にあると言ってよいのでしょう。

有価証券報告書

上場企業などが、自社の経営状況を開示するために作成する報告書。金融商品取引法により開示が義務づけられているもので、損益計算書や貸借対照表などの財務諸表もその中に含まれる。企業のホームページなどで閲覧することができる。

11 「国際会計基準」とは何か

IFRSのスタンスは「株主重視」。日本基準と何が違うのか?

●IFRSは「恣意性を認めない」

ここ数年、国際会計基準(IFRS＝イファース)が話題になっています。グローバルな経済環境の中で、会計にも国際的基準を作り、それに従おうという動きです。同じ基準を使うことで、国際間の比較も容易になります。

日本では、まだまだ日本基準の決算書様式が圧倒的多数を占めていますが、超大手企業などではIFRS(あるいは米国基準)採用の企業が増えています。

日本基準とIFRSでは、当初、非常に大きな差がありましたが、徐々に日本基準がIFRSに近くなってきました。しかし、まだまだ両者の差は大きい部分があります。その1つが経常利益の取り扱いです。

日本基準では、企業の平常状態の利益として、経常利益を算出し、その後に臨時の利益である特別利益（土地売却益など）や特別損失（災害損失など）を計上することになっています。

ところが**ＩＦＲＳでは、特別利益や特別損失を禁じている**のです。だいたいにおいて、「経常的」なのか「臨時」なのかの区分は、恣《し》意《い》的（論理性がない）なので認めることができないという立場です。「特別」がないのですから「経常」もないことになります。

このことから、会社の状況を見るには経常利益ではなく、最終の当期純利益を見るべきだとの意見も強くなりました。

そうは言っても私などは、経常利益があり、その後に特別損益を表記するほうがわかりやすいのではないかと思うのですが、ＩＦＲＳは経常利益の計上は認めていないのです。

●経常利益重視から当期純利益重視の流れへ

そうなると、ＩＦＲＳ採用企業の決算書には経常利益がありませんから、経営分析は営業利益や当期純利益（税引後）が中心となります。そして、日本基準を採用している企業でも、同じように当期純利益を重要な指標として考えるようになりました。いずれにせよ、かつての**経常利益が分析の中心とされていた時代から、当期純利益が重視されるよう**

な時代へと変わってきたことは否定できないようです。

また、当期純利益が重視されるようになったことと、株主重視の方向性とは無縁ではありません。そもそも当期純利益は、給料や家賃、賃借料、支払利息、税金などをすべて支払った後のものですから、「株主の取り分」という見方もできるわけです。ですから、当期純利益がいくらになるかというのは、株主にとってはとても重要なわけです。

それに、経常的なものであれ、臨時的なものであれ、最終的に企業の損益に影響があることは同じで、臨時的な損益だから軽視していいわけはないだろう、という主張も説得力のあることは確かです。

ただ、日本のＩＦＲＳ採用企業でも、特別利益や特別損失的な内容を含めてのみ企業評価に使用するのはいかがなものかという意見も多くあります。

ＩＦＲＳでは、損益計算書の標準様式が決められているわけではありませんが、特別損益的内容も営業利益に含まれています。そこでＩＦＲＳの営業利益から固定資産売却損益など一定の事項（これらは次ページの「その他の収益、その他の費用」に含まれています）を除外して、**調整後営業利益**または**コア営業利益**という概念を用いて、それを１つの経営目標としている会社も多くなってきました。

日本基準とIFRSは何が違うのか？

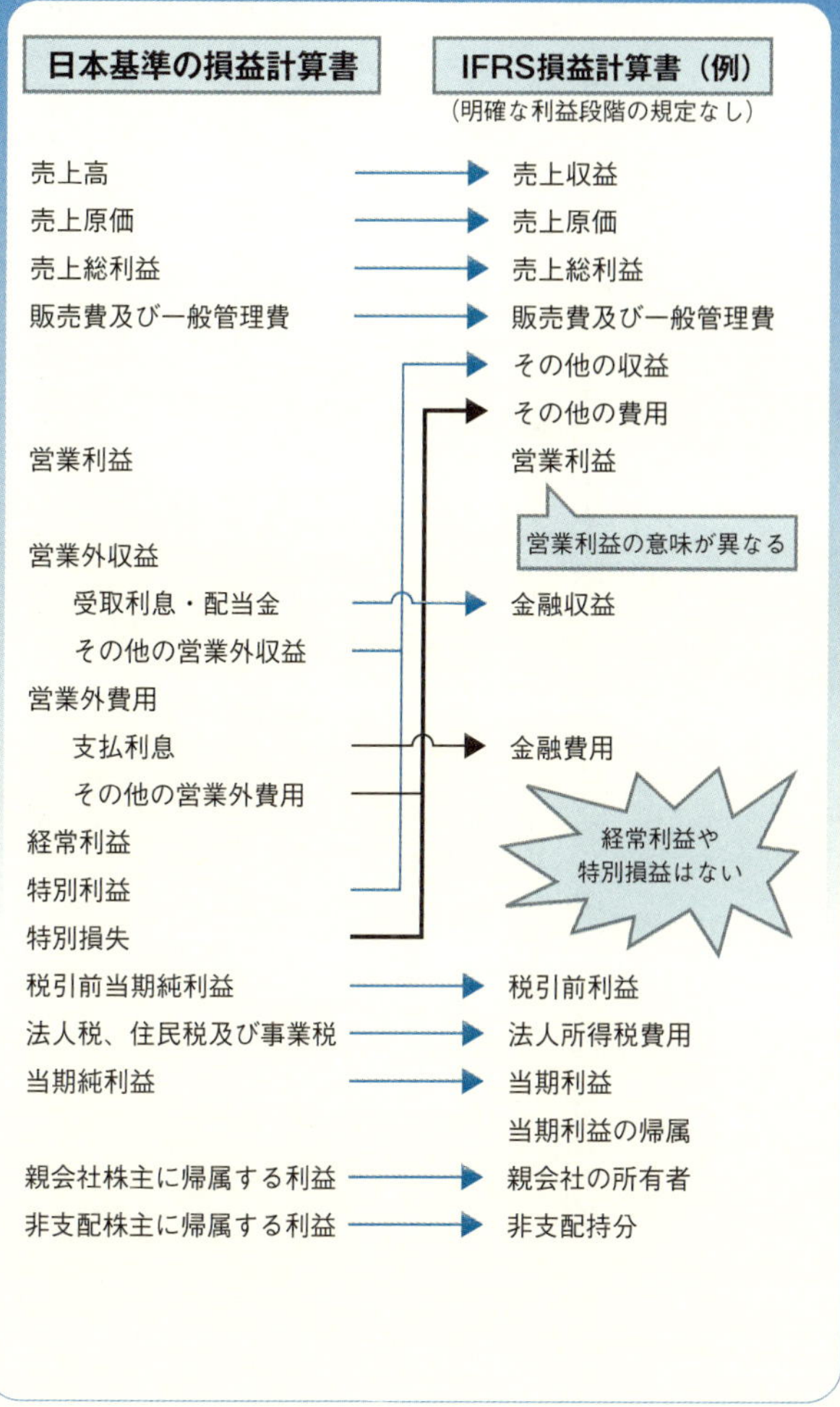

PART1　章末理解度チェック「○×クイズ」

以下はホント？ウソ？

Q1 決算書を構成する主なものとしては、貸借対照表、資金繰り表、キャッシュフロー計算書がある

――資金繰り表ではなく、損益計算書が重要な決算書類の1つ（答え×）

Q2 企業の決算書分析を行う時の2大観点とは、収益性と成長性であり、これらのバランスを見ることが大切である

――決算書分析の観点は収益性と安全性（流動性）である（答え×）

Q3 損益計算書の経常利益は、売上総利益から販売費及び一般管理費を差し引いて求められ、損益計算書の中でも重要な利益の1つである

――問題文は営業利益の説明。経常利益は営業利益に営業外収益を加え、営業外費用を引いたもの（答え×）

Q4 その期に売上高＜仕入高となっている場合でも、売上総利益がマイナスになるとは限らない
——期末棚卸高が多い場合には、売上高＞売上原価となりうる（答え○）

Q5 決算書分析に使う人件費としては、給料や賞与が中心だが、その他に通勤交通費は含めても、社会保険料は本人が負担するので人件費には含めない
——社会保険料は本人負担分と会社負担分があり、会社負担分は人件費（答え×）

Q6 営業経費の分析では、重要な経費項目については、昨年対比の増減などにも十分な注意を払いたい
——急激な経費の伸びなどをチェックすることは非常に重要（答え○）

Q7 営業利益と事業利益とを比較した場合、事業利益が営業利益よりも少なくなることはない
——営業利益＋受取利息・配当金＝事業利益なので正しい（答え○）

Q8 営業利益＜経常利益となるような会社は、財務体質があまりよくないので、借入等を減らす努力が必要だ
——営業外収益が営業外費用を上回っているので財務体質は良好（答え×）

Q9 経常利益を分析比率に使うのは、自社の過年度比較においては有効だが、同業他社との比較などではあまり意味を持たないことが多い

――経常利益は平常時の利益水準の比較が可能なので、他社比較の時も非常に有効（答え×）

Q10 百分率損益計算書は、規模の異なる会社間の比較をする時に非常に役に立つ

――比率は規模格差をなくして分析できるので有効。ただ、実際は実数とともに見るほうがよい（答え○）

Q11 IFRSでは営業利益を計上することを禁止しているので、IFRS採用の日本の企業では調整後営業利益などの概念を使うようになった

――IFRSが禁じているのは、営業利益ではなく経常利益の計上（答え×）

PART2

「貸借対照表」から企業の今と未来が見える

——よい会社の条件とは？

12 決算書分析のスタートは「投資利益率」

よい会社の条件は「少ない投資で多くの利益」

●「よい会社」の条件は利益率か？　利益額か？

新しいパートに入ったところでテストです。

新しい章で何も説明していないのに、「いきなりテストはないだろう」と怒られる方もいるでしょうが、皆さんが興味を持って決算書分析の世界を楽しんでいただくための特別企画です。

下の表を見てください。A社とB社の比較表です。

A社の売上高は２００億円、B社は倍の４００億円です。純利益はA社20億円、B社30億円です。A社とB社ではどちらがよい会社でしょうか。自分なりに答えを出してから、読み進めてください。

	A社	B社
売上高	200	400
売上原価	100	250
諸経費	80	120
純利益	20	30

（単位　億円）

P.56参照

前章で学んだのは売上高利益率*でした。これを見ると、A社は売上200億円に対し純利益が20億円ですから10％、これに対して、B社のほうは売上400億円に対し30億円の純利益ですから、7・5％です。売上に対する利益率を考えたら、A社のほうがよいという結論になります。

しかし、別の見方もあります。

最終の純利益で見ると、B社の30億円がA社の20億円を上回っています。この点だけを見てB社のほうがよいとする意見は、単純ですが十分な説得力もあります。

この問題だけで見るなら、私は後者に賛成したいくらいです。

◇　◇　◇　◇

●いくらの投資に対し、いくら儲かったのか

しかし、実はこの問題自体に問題があります。いくらの投資をして経営をしているのか、投資額がいくらかという要素が抜けているのです。

決算書分析でまず目をつけるところは、投資額に対する利益の割合、すなわち「投資利益率」です。**経営の基本は少ない投資で多くの利益を上げることですから、投資利益率を**

計算する必要があるのです。

A社、B社ともに投資額は200億円だとしたら、どうでしょうか。

これと純利益との割合を計算すると、A社の投資利益率は10%、B社は15%となります。こうなるとB社のほうがよいのではないかという結論が導き出されます。

しかし、もしもB社が2倍の投資をしていたら、どうでしょうか。B社は2倍の投資をしていたのに、利益は1・5倍しかなかったということになりますから、A社のほうが投資効率はよいことになります。

投資の効率性の立場から考えれば、少ない投資で多くの利益を上げることが理想的です。同じ利益を上げるなら、できるだけ投資が少ないほうがよいともいえるわけです。

決算書分析にはいろいろな方法がありますが、この投資利益率から出発する分析が最もオーソドックスな手法といえます。

どちらがよい会社か

A社 200億円 ｜ 売上では ｜ B社 400億円

A社 20億円 ｜ 利益金額では ｜ B社 30億円

A社 10% ｜ 売上高利益率では ｜ B社 7.5%

！ 決算書分析で最も重視すべきは投資利益率

もしも投資額が200億円で同じなら

A社 10% ｜ $投資利益率 = \frac{利益}{投資}$ ｜ B社 15%

投資効率という点から見れば、B社に軍配

13 売上高利益率と資本回転率

投資効率が低い理由を知りたければ、「分解」して分析しよう

●資本利益率を分解してみると……

先ほどの問題で、A社とB社が同じ投資額200億円であった場合、どうしてA社はB社に負けていたのでしょうか。売上高に対する利益率はA社のほうがよかったはずです。それなのに結論としてはB社のほうがよいということになったのは、なぜでしょうか。

A社とB社で大きく違うのはどこか。もう一度表を見てみましょう。

投資額と売上高の関係が大きく違います。A社は投資額200億円に対して、売上高がそれと同額の200億円、B社は2倍の

	A社	B社
投資額	200	200
売上高	200	400
純利益	20	30

（単位　億円）

投資額と売上高の関係に大きな差

［　　　　］には何が入る？

資本利益率

$$\frac{\text{利　益}}{\text{資　本}} = \frac{\text{利　益}}{\boxed{}} \times \frac{\boxed{}}{\text{資　本}}$$

PART2

400億円。つまりA社は投資額のわりに売上高が少ないのです。

この関係が両社の投資利益率に決定的な違いをもたらしたのです。

ここまで投資利益率という言葉を使ってきましたが、この言葉は**「資本利益率」**と表現されるのが普通です。

「資本」という言葉はいろいろな意味で使われていますが、ここでは投資という意味で使用しています。

ところで、この資本利益率は2つの項目に分解することができます。

では、上の式の空欄にはどんな言葉を入れるのがよいでしょうか。分母、分子とも同じ言葉が入ります。

算式としては同じ言葉であれば何を入れても正解とされるのですが、この空欄に入れるのは「売上高」が最も適当な用語となります。

すなわち、資本利益率は、

利益÷売上高

売上高÷資本

の2つに分解されるのです。

投資額の何倍の売上を上げたかが「資本回転率」

前者の利益÷売上高は「売上高利益率」で、前章で学習したところですからわかりやすいのですが、後者の売上高÷資本は何を意味するのでしょうか。

これは、投資額（資本）の何倍の年間売上高を上げたかということで、**「資本回転率」**と呼ばれます。資本回転率は「何回転」という具合に表現します。

先ほどのB社のケースであれば、投資額が200億円、売上高が400億円ですから、資本回転率は2回転です。

以上のように、**資本利益率は売上高利益率と資本回転率に分解できるというのが非常に重要なポイントです。**この2つの比率が両方とも高ければ経営評価は非常によいのですが、一般的には一方が高ければ他方が低いという具合になっています。

資本利益率の分解

資本利益率

	A社	B社
利益	20	30
資本	200	200
利益率	10%	15%

売上高利益率

	A社	B社
利益	20	30
売上高	200	400
利益率	10%	7.5%

資本回転率

	A社	B社
売上高	200	400
資本	200	200
回転率	1回転	2回転

資本利益率＝売上高利益率×資本回転率

⇓　⇓　⇓

$$\frac{\text{利　益}}{\text{資　本}} = \frac{\text{利　益}}{\text{売上高}} \times \frac{\text{売上高}}{\text{資　本}}$$

資本利益率の分析は、
「売上高利益率」と「資本回転率」に分解してみる

14 貸借対照表の基本構成

企業の現状を知るには、バランスシートの理解が不可欠

●貸借対照表は期末日の財産と借金の一覧表

実際の経営分析をする時には、「資本」とは何であり、決算書のどこに書いてあるのかがわからないと何もできません。そのためには**「貸借対照表」**について知っておく必要があります。

貸借対照表は決算日（期末日）現在の財産と借金の一覧表です。決算日にどのような財産がいくらあり、どのような借金がいくらあるかの一覧表なのです。貸借対照表はT《ティー》フォームで書かれることが多く、左側が財産（正式には資産）、右側が借金（正式には負債と純資産）になっています。

細かな点は徐々にご説明していくこととし、ここでは最重要ポイントのみ確認します。

まず**「資産」**は、現金、売掛金、商品などの**「流動資産」**と、建物や土地などの**「固定資産」**に分かれます。

一方、負債も買掛金や短期借入金などの**「流動負債」**と、長期借入金、社債などの**「固定負債」**に分かれます。

ここでの流動と固定の区分は、「ワンイヤールール」で考えてください。つまり、流動資産は決算日から1年以内に現金化できる財産、流動負債は1年以内に返済すべき借金です。一方、固定資産は1年超保有する資産、固定負債は1年超で返済していけばよい借金です。

Tフォーム

貸借対照表

資　産	負　債 純資産

もう1つの**「純資産」**は、株主の持ち分です。会社を作る時に株主が出してくれた資本金や、会社を運営して計上した利益を積み上げた利益剰余金などから構成されています。純資産は負債と異なり、返済不要であるところに特徴があります。

●まずは「総資本とは何か」を理解しておこう

貸借対照表はバランスシート（B／S）と言われますが、左側（資産）の合計と右側

（負債と純資産）の合計は等しくなっています。左側と右側が均衡しているのです。そして、この均衡している合計値（資産合計または負債・純資産合計）が**総資本**と言われ、決算書分析をする時に非常によく使われる概念です。

なぜ左側と右側が均衡するかの理屈も知っておいたほうがよいでしょう。

右側の負債・純資産で書かれている項目というのは、企業が資金をどのように集めたかを示しています。つまり、**資金の調達**を意味しているのです。銀行から借り入れた金額や、仕入れ先から借りている（買掛金）金額を示したり、株主の拠出金や会社経営で得た利益が資金の調達元になっていることを示したりしているのです。

調達したお金というのは何かに使われています。それが資産です。つまり、貸借対照表の左側に書かれている資産は**資金の運用**を意味しているわけです。現金預金として保有されていたり、得意先に売掛金として貸し出されていたり、土地や建物の購入にあてられていたり、どのように運用されているかが書かれています。

そして、調達されたお金は必ず運用（現金預金の保有も運用と考える）されているので、調達＝運用、従って貸借対照表は左右がバランスするという仕組みです。

貸借対照表から安全性を知る

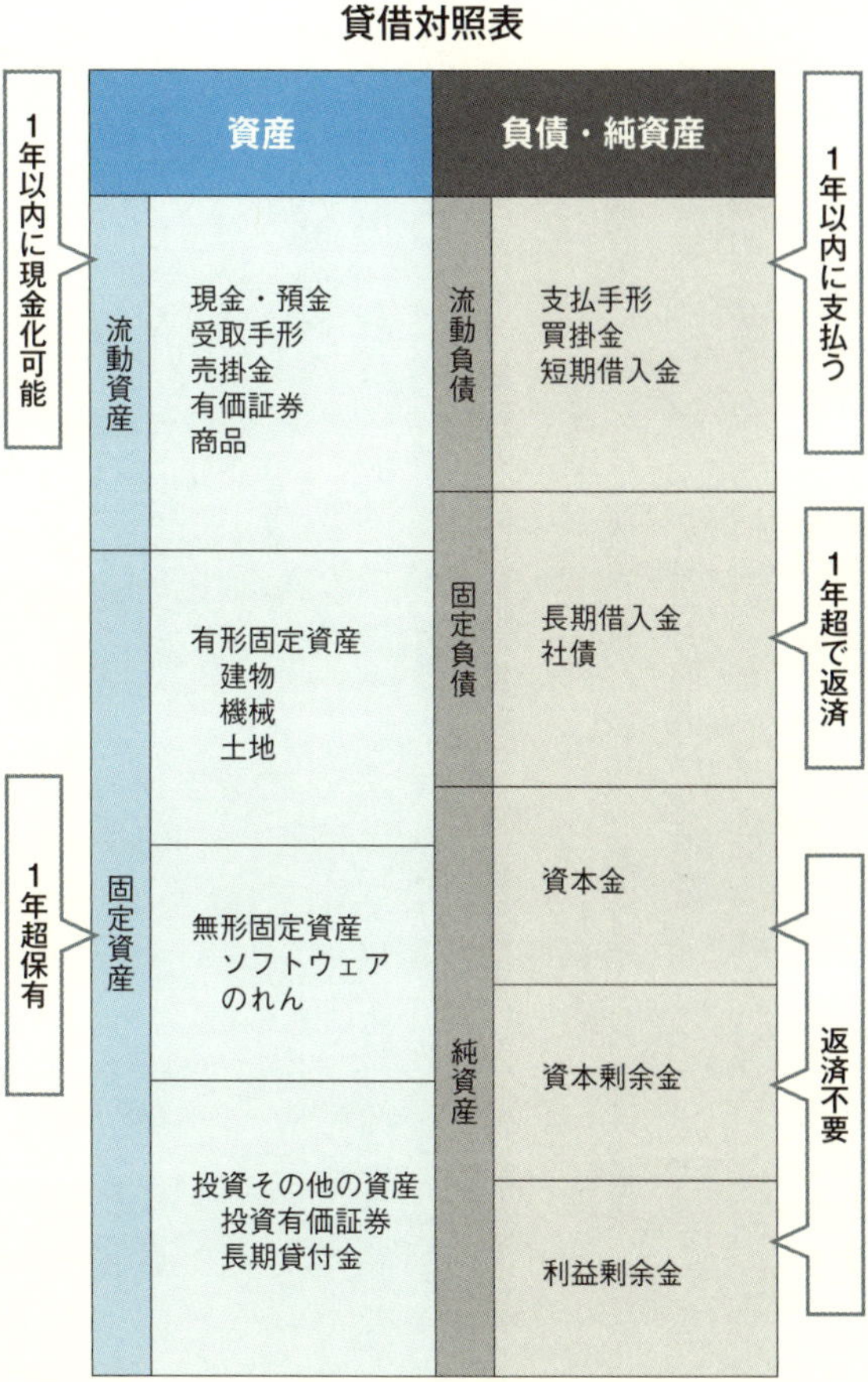

15　資本利益率の分析

3種類の資本と5種類の利益から「ベストカップル」を探そう

●資本には3つの種類がある

では、話を資本利益率に戻しましょう。資本利益率という用語は抽象的な表現です。実際の決算書分析をする時には、「資本」や「利益」が具体的に何を示すか、特定する必要があります。資本には、**「①総資本」「②経営資本」「③自己資本」**の3種類があります。

このうち、①の総資本については前述したとおり、貸借対照表の合計金額、すなわち負債＋純資産を意味します。もちろん、貸借対照表は左側と右側はイコールですから、左側の資産合計も同じ金額です。

②の経営資本は、総資本から社外投資や未稼働資産の金額を差し引いたものです。社外に投資した金額等を控除し、純粋に自社の経営に使ったお金を表しています。これら控除

する勘定科目の具体例としては、建設仮勘定、投資有価証券などがあります。

③の自己資本は、貸借対照表の純資産に近い概念なのですが、とりあえず株主の持ち分と考えておいてください。純資産*との違いについては後で考えることとしましょう。

先に知りたい人はP.110参照

●利益のうち2つは恋人がいない!?

資本は3種類ありましたが、利益はどうでしょうか。ここで、損益*計算書の5つの利益を思い出してください。売上総利益、営業利益、経常利益、税引前当期純利益、当期純利益の5つです。この**5つの利益と3つの資本との組み合わせには相性があります**。

P.27参照

資本が3つなのに利益は5つですから、1対1の相性関係とすると、利益のうち2つは恋人が決まりそうにありません。除外されるのは売上総利益と税引前当期純利益です。では、残りの利益3つと資本3つは、どのような組み合わせがよく用いられるのでしょうか。

これも勘で結構ですので、両者の組み合わせを考えてみてください。

最適な組み合わせは？

（線で結ぶ）

1総資本 ・	・ a営業利益
2経営資本 ・	・ b経常利益
3自己資本 ・	・ c当期純利益

PART2

皆さんの答えはどうだったでしょうか。

総資本は、投資額全体ですから、分析すべき会社の平常時の全体的利益、すなわち経常利益との対応がよいとされています（**総資本対経常利益率**）。もっとも、最近ではお相手として当期純利益（税引後）もよく使われます（**総資本対当期純利益率**）。両方正解です。

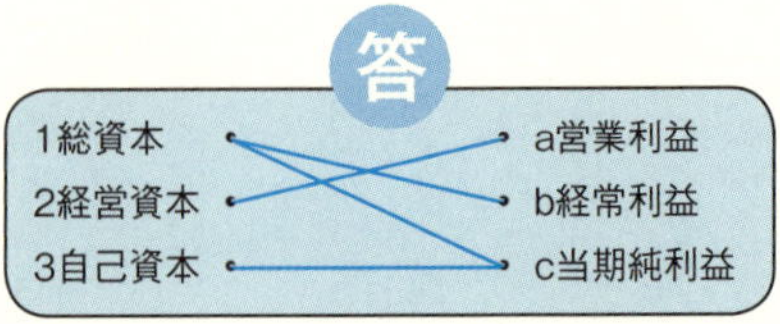

経営資本については、経営資本に含まれない社外投資に対する見返り（受取配当金等）は営業外収益で計上されますから、それを含まない営業利益が対応関係としてはよいとされています。すなわち、**経営資本対営業利益率**です。

最後の自己資本は株主の持ち分という意味とすると、株主の関心事は株の値上がりや配当です。このうち配当については、税金まで支払って最後に残った利益から配当という感覚が一般的でしょうから、自己資本と当期純利益がピッタリの相性なのです（**自己資本対当期純利益率**）。

ここに上げた以外の組み合わせも考えられますが、上の表のような組み合わせがよく使われる比率です。

資本と利益の関係

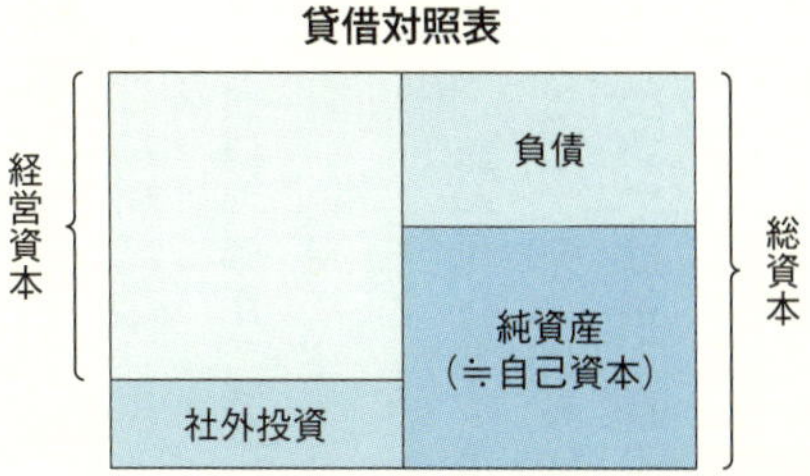

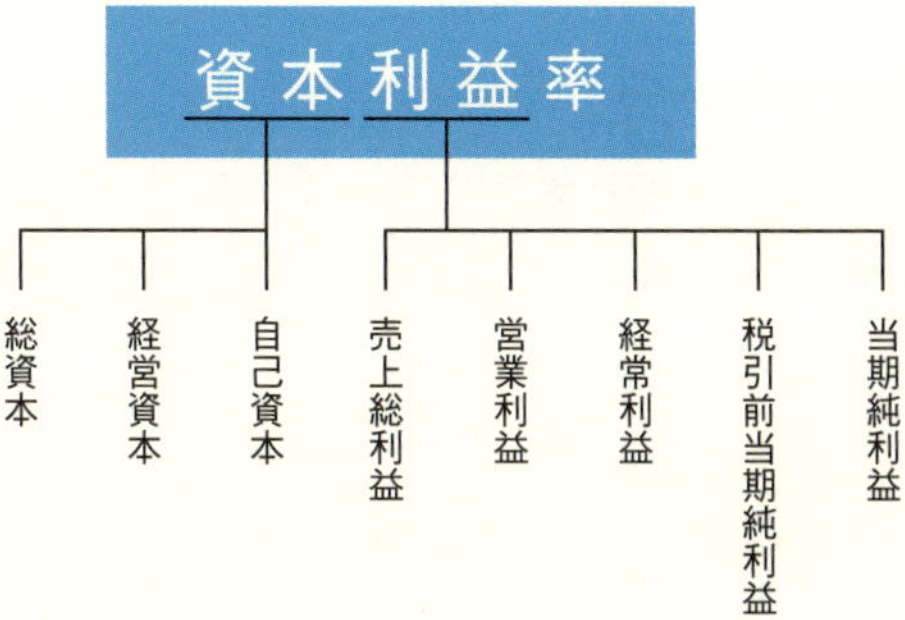

よく用いられる比率は……

$$\frac{\text{経常利益（または当期純利益）}}{\text{総資本}}$$

総資本
対経常利益率
(対当期純利益率)

$$\frac{\text{営業利益}}{\text{経営資本}}$$

経営資本
対営業利益率

$$\frac{\text{当期純利益}}{\text{自己資本}}$$

自己資本
対当期純利益率

16 総資本回転率

現代の経営で問われる「資本の活用度合い」を把握する

●資本をどれほど活用できている?

前述の組み合わせの中から、総資本と経常利益、すなわち「**総資本対経常利益率**」から分析をスタートしましょう。ここでも分解することで、本質が見えてきます。

一般的に、資本利益率は売上高利益率と資本回転率に分解されます。総資本対経常利益率を分解すると、*売上高対経常利益率と**総資本回転率**になります。このうち、売上高対経常利益率については第1章の損益計算書の分析で検討した事項ですから、ここからは総資本回転率に注目してみましょう。

P.54参照

総資本回転率は、投下した資本がどのくらい売上高と結びついているかを示す比率ですから、資本の活用度を示しているといえます。総資本回転率の算式は、売上高÷総資本で、売上高のわりに総資本が多過ぎないかどうかをチェックするわけです。もし、これが

$$\frac{\text{経常利益}}{\text{総資本}} = \frac{\text{経常利益}}{\text{売上高}} \times \frac{\text{売上高}}{\text{総資本}}$$

総資本対経常利益率　　売上高対経常利益率　　総資本回転率

低いとなると、総資本の中味を検討していく必要が出てきます。

●企業経営では、以前より多くの投資額が必要になった

ところで、総資本回転率は年間何回転ぐらいするものなのでしょうか。つまり、年間売上高は、総投資額（総資本）の何倍ぐらいあるものでしょうか。

皆さんは、まず自分の回答を頭に描いてみてください。

それは2倍、あるいは3倍、いやもっと大きかったかもしれません。しかし、答えは1倍弱です。つまり、年間売上高よりも総資本のほうが大きいのです。昔は、総資本よりも売上高のほうが多かったのですが、最近の企業経営では多くの投資を要するケースが増え、とうとう年間売上高を超えて投資されるようになったのです。

もちろん業種によっても、その会社の状況でも数値は異なってくるのですが、大企業ではだいたい0・8回転から0・9回転ぐらいが平均値といったところです。中小企業では、投資額が比較的少な

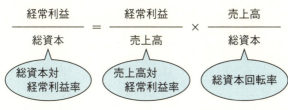

い企業が多い関係から、１・１回転から１・２回転ほどです。

●もしも総資本回転率が低かったら……

自分の会社の総資本回転率が低かった場合、その原因を探るためにはどうしたらよいのでしょうか。

総資本の中味については、右側の負債・純資産の各項目を見ることもありますが、左側の資産、つまりどの投資額が多かったのかをチェックするのが普通です。

売上規模と比べて、どんな投資が多かったかを見ていくわけです。ただ、資産の部に記された項目は多いですから、重要な資産をピックアップして見ることになります。

そこでよく取り上げられるのが、次の３つの回転率です。

①受取勘定回転率　　売上高÷売上債権
②棚卸資産回転率　　売上高÷棚卸資産
③固定資産回転率　　売上高÷固定資産

以下、順に見ていきましょう。

総資本回転率をチェックする

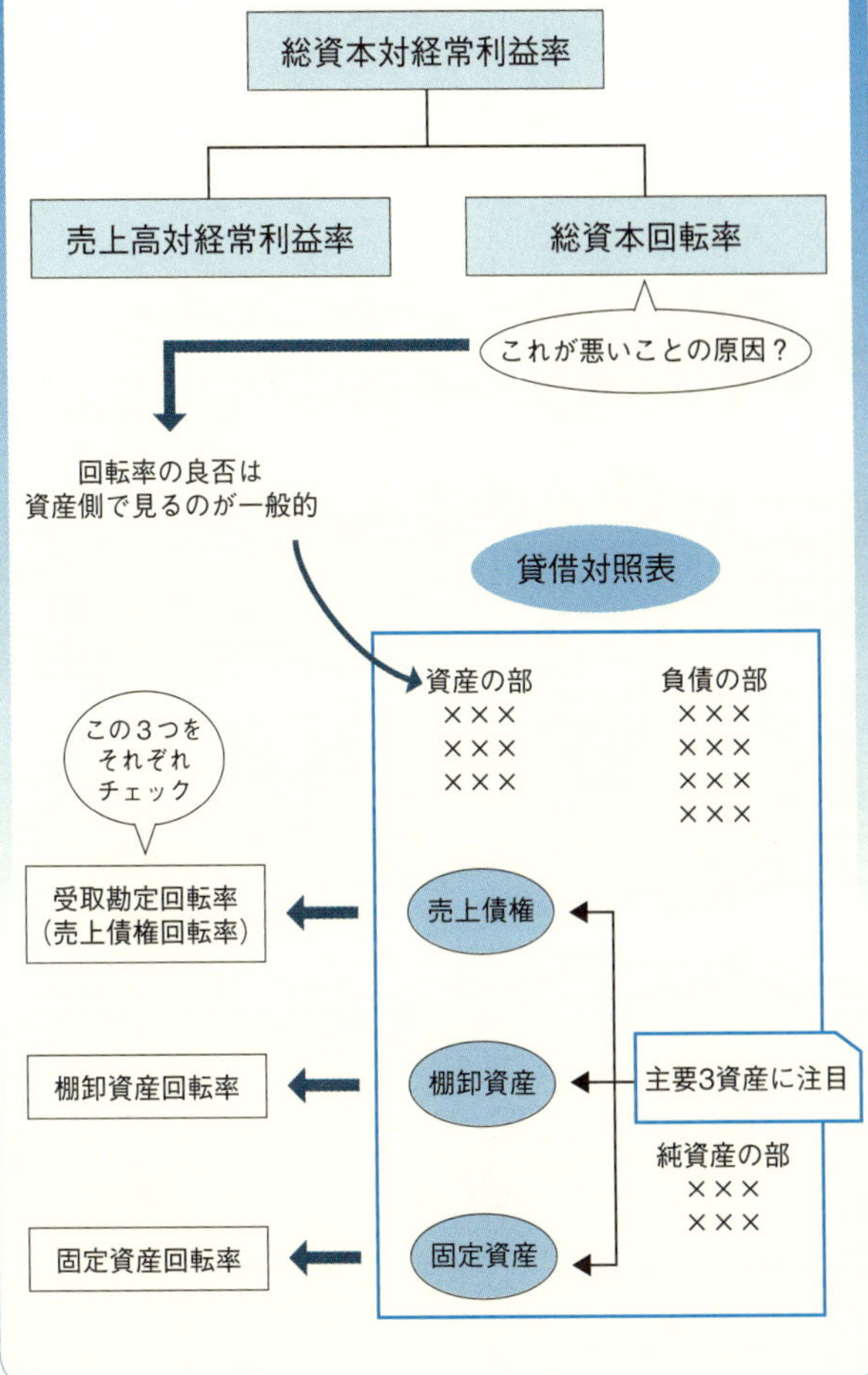

17 受取勘定回転率

「売上代金はしっかり回収されているか」をチェック

●代金回収は早いほうがいい

小売業など一部の業界を除いて、営業取引はその場で現金授受をしない掛け取引であるのが普通です。売上代金のうち、決算期末に未回収のものが「売掛金」です。

また、手形を受け取り、まだ現金化していないものが「受取手形」です。最近ではこの手形に代えて電子記録債権を利用する企業も増えてきました。以上のようなものを合わせて**受取勘定**（あるいは**売上債権**）といいます。

これらの現金化が遅くなると、売上のわりに売上債権の金額が多くなります。この代金回収のスピードを、売上と売上債権との割合で表したものが**受取勘定回転率**（**売上債権回転率**）です。

●「年6回転」は「60日で回収」を意味する

受取勘定回転率は、業界慣習によってかなり異なります。建設業などでは支払いはごくゆっくりであり、手形を受け取った時もそのサイト（支払日までの期間）が長いことから、受取勘定回転率は低くなります。

たとえば受取勘定回転率が年6回転という場合、売上代金はおよそ60日で回収されることになります（365日÷6回転≒60日）。この日数のことを、**受取勘定回転日数**（売上債権回転日数）といいます。回転率のように年何回転というより、回転日数で表したほうが感覚的にはわかりやすいようです。

下の表は各社の受取勘定回転率ですが、これを見ると、日立の回転日数が非常に長くなっています。社会インフラを中心にみごとな企業改革をした同社ですが、業務の性質上もあり、売掛回収期間は長くなっています。

各社の受取勘定回転率

19/3決算

企業名	売上高 億円	売上債権 億円	回転率（年） 回転	回転日数 日
日立製作所	94,806	23,999	3.95	92.4
キヤノン	39,519	6,130	6.45	56.6
花王	15,080	2,231	6.76	54.0
トヨタ	302,257	23,727	12.74	28.7

キヤノン、花王は18/12決算

PART 2

受取勘定回転率算出の2方法

（1）受取勘定回転率 ＝

$$\frac{\text{売上高}}{\text{（期首売上債権＋期末売上債権）／2}}$$

（2）受取勘定回転率 ＝

$$\frac{\text{売上高}}{\text{期末売上債権}}$$

●回転率の分母は？

受取勘定回転率に限らず、諸回転率算出の際の分母は、期首（前期末）有り高と期末有り高を平均して算出する方法と、期末有り高のみで算出する方法があります。

期首・期末の平均を使ったほうがブレが少ないのは確かですが、実務的には期末の数字のみを使うことも多く、本書では期末の有り高のみを使う方法で統一しています。

●回転率が低い時はどうするか？

受取勘定回転率が低いということは、売上のわりに売上債権が多いということですから、次のような方法で、回収の迅速化をはかる必要があります。
①個別に売上債権をチェックし、遅れている代金を回収する
②売上代金についての支払い条件を見直す
③営業社員に代金の回収責任を徹底する
④売上債権の売却（ファクタリング）などの手段を考える
⑤手形の裏書譲渡による支払いを行う
⑥支払い条件の悪い企業との取引を制限する
一般的にいうと、受取勘定回転率は年間6回転（回転日数で60日）くらいが標準的とされています。

18 棚卸資産回転率

「在庫が適切かどうか」は、売上高と比べて初めてわかる

●棚卸資産が多いと、何が問題なのか

卸・小売業では商品、製造業では製品、原材料、仕掛品などを**棚卸資産**といいます。棚卸資産の金額は、会社の資産のうちに占めるウエイトが高いことも多く、この管理は非常に重要だとされています。

前述の売上債権に続いて、資産のうち、非常に重要な管理対象がこの「棚卸資産」です。そして、棚卸資産が適正な水準であるかどうかを見る比率として、売上高と対比した**棚卸資産回転率**があります。

卸・小売業では、棚卸資産というと商品だけの場合が多いので、**商品回転率**ともいいます。一方、製造業では、棚卸資産全体での回転率を求める場合と、製品回転率、原材料回転率など、個別に求める場合があります。算式は次のとおりです。

〈棚卸資産回転率＝売上高÷棚卸資産〉

この回転率が低ければ、売上のわりに棚卸資産（在庫）が多いことになります。

では、棚卸資産が多いと何が問題なのでしょうか。

まず、業種によっては商品の劣化が大きいという問題があります。商品回転率が低いということは、商品を仕入れてから売れるまでの期間が長いことを意味していますから、商品劣化の危険性が大きいのです。物理的劣化もあるでしょうし、最大の問題は市場価値の低下の問題です。流行遅れや規格が合わなくなるなどの問題もあります。

また、在庫が多いと、それを管理する業務が増えます。在庫管理コストの増大も忘れてはいけません。

さらに、在庫が多いということは、棚卸資産にかけた資金が大きいことを意味します。その結果、資金が寝てしまうことになります。他に資金が必要ということになれば、銀行からの資金調達コスト（金利）も考える必要が出てきます。

もちろん、会社の経営方針で在庫を豊富に持とうという戦略を取る場合もあるでしょうが、**一般的には棚卸資産は適正水準に保つのが、経営の基本**です。

●棚卸資産の適正化の方法

もしも、棚卸資産回転率が業界平均より低かった場合はどうすればよいでしょうか。

棚卸資産の適正化は、次のような方法で行います。

①商品別に販売の推移を見て、適正在庫数量を決定、発注量を見直す
②不動在庫等を換金処分する
③仕入総額をコントロールする方法を確立する（仕入の予定額を決め、売上との関連を見ながら常に見直していく）
④1回あたりの発注量を減らす

在庫を減少させることは、一方で売り逃し（チャンスロス）を増やすことにもつながります。営業担当者はこれを嫌って、ついつい多くの在庫をかかえるよう要求してきます。在庫の適正水準はどのくらいかが大切な問題となるのです。

棚卸資産（在庫）の水準はどうか

棚卸資産（在庫）

- 卸・小売業 … 商品
- 製造業 …製品、原材料、仕掛品

↓

棚卸資産が適正な水準であるかどうかを知るには？

↓

棚卸資産回転率を見る

$$棚卸資産回転率 = \frac{売上高}{棚卸資産} \quad (回転)$$

この回転率が低ければ、
売上のわりに棚卸資産が多いことになる

↓

棚卸資産が多いと何が問題か

商品劣化の危険性が大きい
管理の手数が増える
在庫管理コストが増大する

在庫が多いということは棚卸資産にかけた資金が大きいということ、つまり資金が寝てしまう

19 固定資産回転率

「その設備投資は本当に適切か?」を調べる

●固定資産は機械や土地ばかりではない

固定資産というと、建物や機械、車両、器具備品、土地など「有形固定資産」がすぐ頭に浮かびます。しかし、**固定資産は有形固定資産だけではない**のです。

固定資産は、大きく3つに分かれます。

①有形固定資産…建物や機械、車両、器具備品、土地
②無形固定資産…ソフトウエア、のれん
③投資その他の資産…投資有価証券、長期貸付金など

一般的な感覚からは、固定資産のほとんどが有形固定資産と思われがちです。ところが、上場企業などでは、有形固定資産より投資その他の資産、すなわち投資有価証券、差入保証金、敷金、長期貸付金などの資産のほうが多い企業がかなりあります。

こうした点からも、固定資産への投資が多いかどうかの判定は、有形固定資産だけではなく、固定資産全体の回転率を求めることで行われています。次の式で求めます。

固定資産回転率＝売上高÷固定資産

ただ、純然たる設備投資ということになりますと、有形固定資産のみを売上高と比較した「**有形固定資産回転率**」も有益な情報として使われます。

●業種によって格差がある

機械設備等を多く要する業界では、当然、固定資産回転率（特に有形固定資産回転率）は低くなります。電力や不動産の業種はこの典型例です。一方、固定資産をあまり使わないサービス産業や商業では、この回転率は高くなります。

また、最近では製造業といっても、製造のかなりの部分を他社や海外へ委託するケースも増えてきました。こうした会社では、自社での設備投資が少ないので、固定資産回転率は高くなる傾向があります。

この比率は業界によって非常に大きく異なりますが、平均すると1・3〜1・5回転程度になります。

●「リース」は固定資産削減の有効な手段だった。しかし……

有形固定資産については、資産の取得をせずにリース契約を結ぶことも多くなっています。かつては、リース契約は賃借料として処理されていましたから、固定資産を購入する場合と比べて、資産も少なく、負債も少ない状況になっていました。しかし、契約上、実質的に途中解約不能などのリースは、固定資産購入と同じだろうということで、そうしたリース契約の場合は、資産を購入した時と同じような会計処理をすべきものと改められました（中小企業は従来通りの賃借処理も可能）。

このことは決算書分析にも大きな影響を与えます。リース取引を賃借料として処理すると、固定資産はなくなり、借入金もなくなります。貸借対照表（バランス・シート）から消えるので「オフ・バランス」と言います。結果として、固定資産回転率が高くなるわけです。そうでなくとも、オフ・バランスによって負債の金額が減るわけです。

実質的に解約不能ならば、企業としてその分の借金を負っているのと同じだろうからリース負債を計上しろ、というのが修正された基準です。確かにそうだ、と納得もできます。

固定資産の回転率を見る

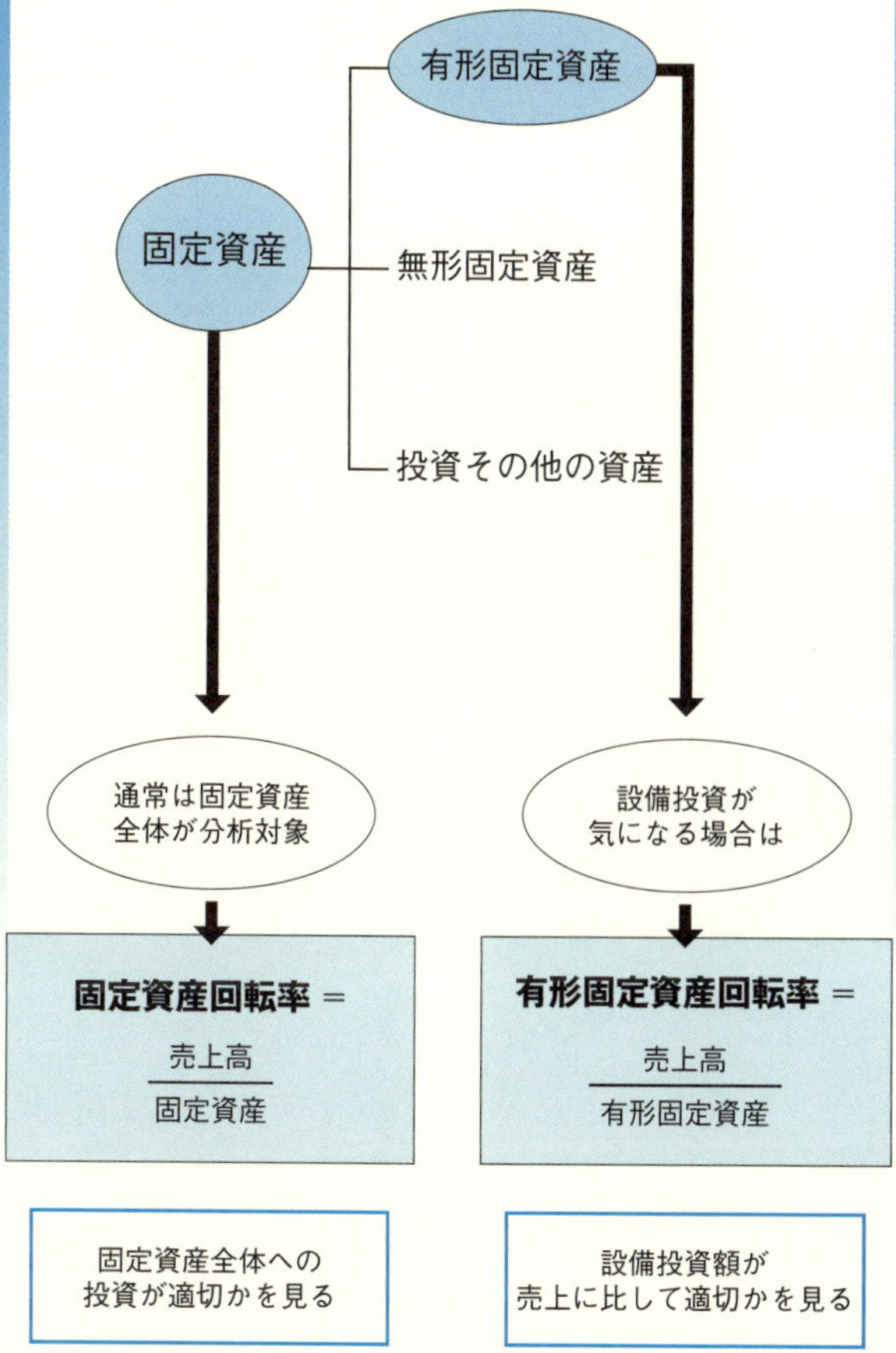
有形固定資産
固定資産
無形固定資産
投資その他の資産
通常は固定資産
全体が分析対象
設備投資が
気になる場合は
固定資産回転率 ＝
売上高
固定資産
有形固定資産回転率 ＝
売上高
有形固定資産
固定資産全体への
投資が適切かを見る
設備投資額が
売上に比して適切かを見る

20 現金預金回転率と手元流動性比率

現金は「持ち過ぎ」でも問題に？「資金繰り」の力を分析する

●資金繰りが苦しい会社ほどよくなる比率とは？

決算書の分析をしていると、倒産危険度が高いとされる会社は、ほとんどの分析比率が悪いことがわかります。しかし、そんな会社でも1つだけよい比率があります。それは、現金・預金と売上高を比較した**「現金預金回転率」**です。

現金・預金が少ないので回転率がよくなる、という理屈です。もちろん、これは悪い冗談で、現金預金回転率が高ければ高いほどよいとはいえません。

現金預金回転率は、次の式で求められます。

現金預金回転率＝売上高÷現金・預金

現金・預金は、支払い手段として持っているのが普通でしょうから、この回転率が極端に高いのは、分母である現金・預金が少なく、資金繰りに汲々《きゅうきゅう》としていることを意味しているに過ぎないのです。会社の安全性からすると、当然ながら現金預金回転率が高いのは、決して喜ばしいことではありません。

現金預金回転率という比率は、これまでに説明した受取勘定回転率、棚卸資産回転率、固定資産回転率に比べると、決算書分析における使用頻度は非常に低くなっています。

しかしながら、経営者の感覚からすると、資金繰りに悩まされるのは非常に嫌なもので、現金・預金の適正水準を把握できる比率が欲しいものです。そうした点から、現金預金回転率以上によく使われるのが**「手元流動性比率」**です。

手元流動性比率の対象には現金・預金だけではなく、有価証券（流動資産）も加わります。これらの資産が、月商の何倍になっているのかを見る比率が手元流動性比率です。次の式で求められます。

手元流動性比率＝（現金・預金＋有価証券）÷月商

この比率は、何倍がよい、という絶対的基準があるわけではありませんが、1～1・5倍くらいが一般的な水準だろうといわれています。

つまり、1カ月から1・5カ月分の売上に匹敵する現金・預金＋有価証券を保有しているのが普通なのです。

PART2

●現金・預金の持ち過ぎも問題

会社の支払い能力からすると、できるだけ多くの現金・預金等を持っていたほうが安心です。ところが、経営で使わない現金・預金を保有することは、資金の無駄遣いともいえるのです。株主の立場からすれば、会社がただただ現金・預金を持っているだけでは意味がないから、使わないなら株主に返せということになります。会社は株主のものである、とする立場からは当然のことです。

最近では、日本企業全体として非常に多くの現金・預金を保有しているといわれます。裏を返せば日本企業全体の成長力が乏《とぼ》しいという状況を示しており、新たな投資方向を見出せない状況にあるといえるのかもしれません。

実際には、業績のよい会社の手元流動性は高くなる傾向にあります。次ページにファナックの手元流動性を示しました。同社は工作機械の業界で、数値制御装置の世界トップ企業です。非常に高収益ですが、景気などの影響を受けやすく、売上の増減幅も非常に大きくなっています。そうした厳しさに対応する意味もあるのでしょうか、現金・預金等の金額が、ほぼ年間売上高と同じになっており、手元流動性は非常に高くなっています。

手元流動性比率とは？

現金・預金に有価証券（流動資産）を加えた金額が月商の何倍かを見る比率が手元流動性比率

$$\text{手元流動性比率} = \frac{\text{現金・預金＋有価証券}}{\text{月商}}$$

多くの企業の手元流動性比率は1から1.5倍

ファナック㈱の潤沢な手元流動性

連結貸借対照表

（単位　百万円）

（平成31年３月31日）

資産の部	
流動資産	
現金及び預金	607,155
受取手形及び売掛金	106,204
有価証券	15,000
商品及び製品	71,042

現金預金と有価証券で**622,155**

連結損益計算書

（自 平成30年４月1日
至 平成31年３月31日）

売上高	**635,568**
売上原価	369,761
売上総利益	265,807
販売費及び一般管理費	102,510
営業利益	163,297

年間売上とほぼ同じ手元流動性

$$\frac{622{,}155}{635{,}568 \div 12} = 11.7\text{カ月}$$

21 流動比率での安全性チェック

理想は「200%以上」。支払い能力はどう判断する?

●「支払い能力の有無」はどう判定する?

会社は、利益が発生していればすべてよしと思われがちですが、そうでもありません。借入金が多かったり、設備投資がかさんだり、得意先が倒産したり、企業経営にはリスクが多いものです。では、決算書を見て、その会社の財務リスクが少ないかどうかを判定するにはどうしたらよいのでしょうか。

今までの分析は、損益計算書のみ、あるいは損益計算書と貸借対照表を関連づけての分析手法でした。ここからは貸借対照表のみの分析をしていきます。

●流動比率が100%未満になったら即倒産!?

前にも述べましたが、貸借対照表は5つの要素に分かれます。流動資産、固定資産、流

*P.76参照

動負債、固定負債、純資産です。この貸借対照表の5つの要素のうち、流動資産は1年以内に現金化する予定の資産、流動負債は1年以内に支払い予定の負債でした。

この流動資産と流動負債の関係を見るのが「流動比率」です。短期的な支払い能力を見る比率としてよく使われる指標です。次の式で求めます。

流動比率＝流動資産÷流動負債

この比率は高いほうがよいとされています。**理想的には200％といわれますが、120～140％程度が平均**です。

逆にこの比率が100％未満になった時はどうなるのでしょうか。1年以内に現金化できる流動資産よりも、1年以内に支払うべき流動負債のほうが多いから倒産？――実はそうとは限らないのです。

貸借対照表の流動負債に掲げられている金額は、1年以内に支払うべき金額というだけの意味で、今すぐ全額を支払う必要はないからです。次の支払日には、流動負債の一部だけを支払えばよいわけで、その支払額に見合う現金・預金が確保されていれば、会社の継続は可能です。

このように、流動負債のほうが多いからといって、それだけで倒産とは直結しないのですが、安全性という面から見れば、流動資産が多いほうがよいことは確かです。

●高いほうがいいが、業界によってバラツキがある

一般的に優良企業といわれている企業の中にも、流動比率100%以下の企業はあるものです。また、業種によってもばらつきがあります。

たとえば、電力業界ではほとんどの企業が100%を大きく下回っています。東京電力の流動比率は41・3%、関西電力は50・8%です。電力業界では棚卸資産が非常に少額なため、そのような状況になっています。

しかし、やはり一般的に優良企業は流動比率が高いものです。ファナックや任天堂は500%を超えていますし、キーエンスに至っては流動負債が流動資産の10分の1（流動比率1000%）という状況です。ただ、優良企業の中でもトヨタは100%を少し上回っている程度で、業種による差は大きいといえます。

流動資産と流動負債の関係

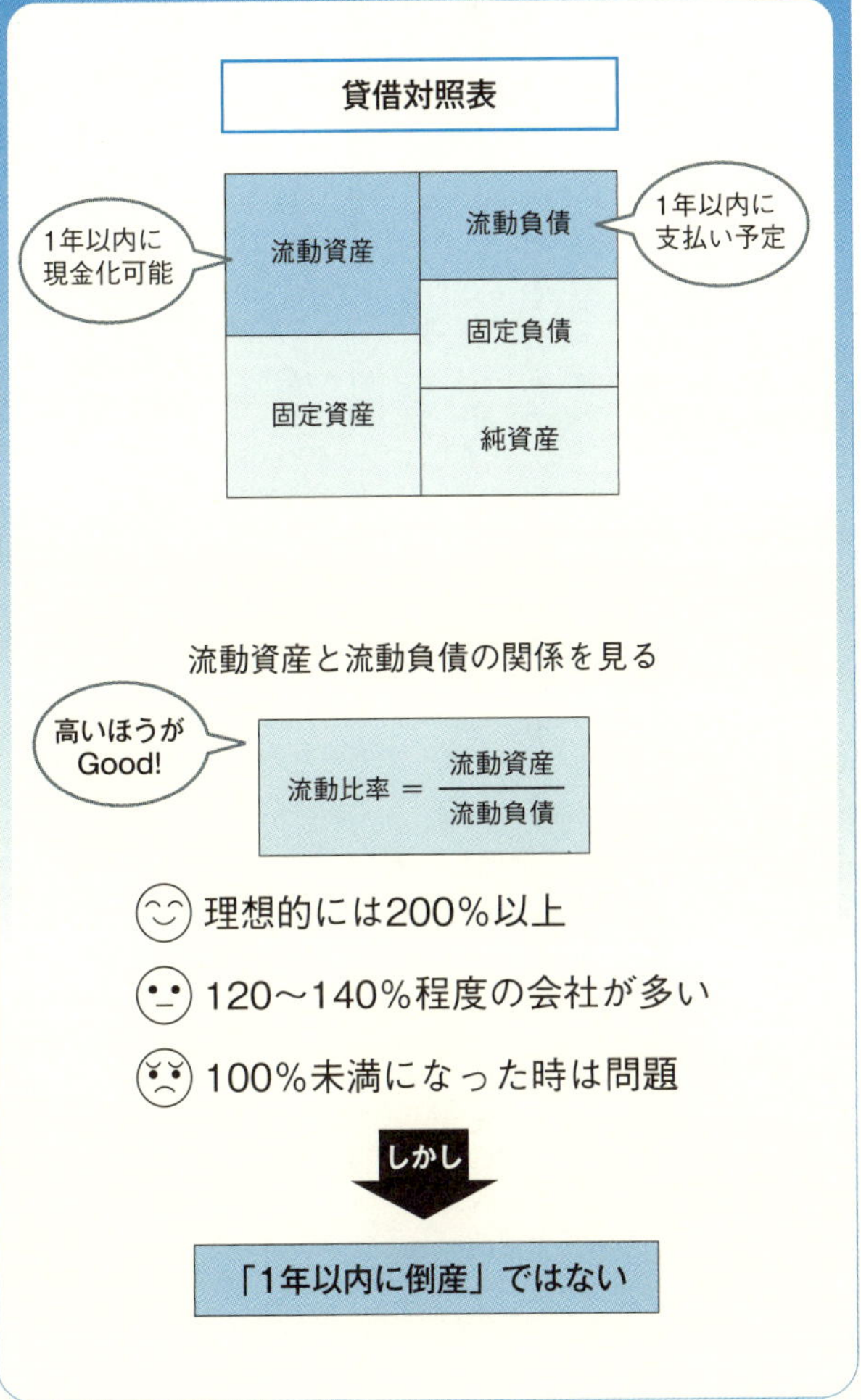

貸借対照表
1年以内に現金化可能
流動資産
固定資産
流動負債
1年以内に支払い予定
固定負債
純資産
流動資産と流動負債の関係を見る
高いほうがGood!
流動比率 ＝ 流動資産 / 流動負債
理想的には200％以上
120〜140％程度の会社が多い
100％未満になった時は問題
しかし
「1年以内に倒産」ではない

22 固定比率

固定資産への投資が、「安定した資金」で行われているかを調べる

●固定比率は100％以下が理想

前項の流動比率は、流動資産と流動負債、短期的な資金の運用と、短期的な資金の調達（返済）とのバランスを見る比率でした。

貸借対照表で次に見たい比率は、固定資産に投資した金額と資金調達との関係です。貸借対照表は左側の資産が資金の運用、右側の負債・純資産が調達を意味していますから、この関係を見ていくわけです。

固定資産は長期間使用するものですから、資金の調達についても、返済不要の安定した自己資本を調達源とすればよいことになります。

そうした意味から、自己資本（≒純資産）の大きさと固定資産の大きさを比較したもの

が、**固定比率**です。次の算式で求めます。

固定比率＝固定資産÷自己資本
（自己資本≒純資産）

この比率は、分母の自己資本が大きく、その範囲の中に固定資産の金額が収まればよいので、**低いほうがよい比率**になります。

理想的には100％以下と言われていますが、上場企業では自己資本の充実とともに比率が低下（良化）傾向にあります。

ただ、この比率が高い（多くの場合には自己資本が少ない）企業は、極端に高い比率になりますので、平均でいうと140％程度にまで上がってしまいます。

固定比率の低い会社と高い会社（例）

	企業名	固定資産 億円	自己資本 億円	固定比率 %
低い会社	HOYA	2,558	6,232	41.0%
	信越化学工業	12,882	24,657	52.2%
	京セラ	16,107	22,659	71.1%
高い会社	東京電力	106,577	28,894	368.9%
	東京ガス	19,014	11,591	164.1%
	三菱地所	47,013	17,706	265.5%

●純資産と自己資本は何が違うか

さて、ここで、自己資本と純資産の違いについてお話ししておきましょう。

純資産は、貸借対照表の右側を負債とともに構成しているわけですが、内容的には株主が拠出した資金や利益の内部留保金額など、返済不要の資金調達部分を指します。この純資産のうちに自己資本に該当する部分とそうでない部分があるのです。

単独決算の場合、純資産と自己資本はほぼ同じです。厳密に言えば、純資産のうち新株予約権（企業が発行する株式について、あらかじめ決められた価格で購入できる権利）が自己資本以外となるのですが、金額的には圧倒的に少額なので、実質的には純資産＝自己資本となります。

連結決算の場合は異なることが多くなります。連結決算とは、親会社、子会社を1つの会社と見なして行う決算ですが、グループ全体の純資産を、親会社の株主の持ち分と、それ以外の株主（非支配株主）の持ち分に分けるのです。

連結会計の自己資本のイメージ

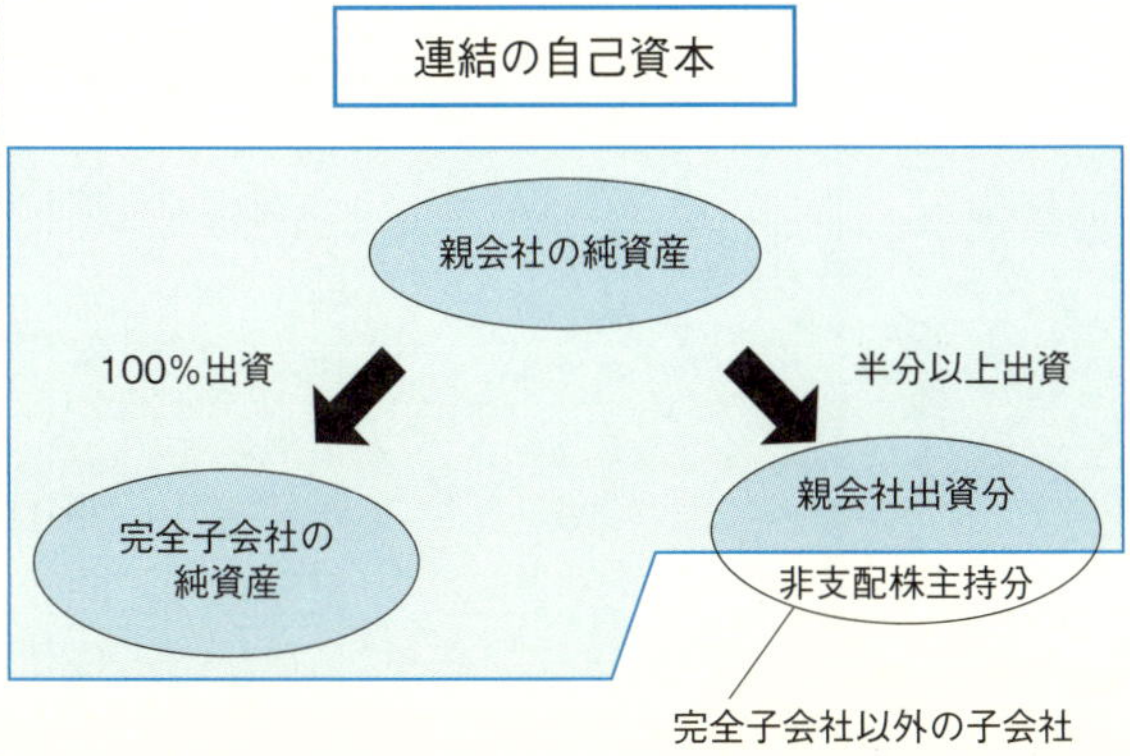

親会社や完全子会社（親会社が100%株式保有の会社）の純資産は、すべてが親会社の株主の持ち分と言ってよいと思います。

しかし、子会社のうち、親会社以外に株式を保有する株主（非支配株主）がいる会社では、その会社のすべての純資産が、親会社の株主のものとは言えないわけです。

自己資本は、連結決算の純資産のうち、こうした非支配株主持分を引いた金額を指します。

つまり、親会社の株主の持ち分が自己資本であり、純資産から非支配株主持分を（正確には新株予約権も）差し引いた金額となります。

自己資本＝純資産－非支配株主持分－新株予約権

経営分析上、こうした自己資本が多く使われており、非支配株主持分を除外したところで比率計算をされることが多いのですが、非支配株主持分も返済不要という点では自己資本と同じであり、固定比率については分母を純資産としてもよいのではないかと思います。

単独決算と連結決算

連結決算は、企業グループをあたかも1つの会社と見なして決算書を作るものです。しかし、親子会社の数値を単純に加えたものではありません。親会社と子会社との間で取引された金額などは、内部取引として除外されます。大手企業が発表する決算は、連結決算が中心です。

固定比率を求めるには「自己資本」が必要

固定比率とは？

$$\text{固定比率} = \frac{\text{固定資産}}{\text{自己資本}}$$

低いほうがよい。
理想的には 100％以下
（平均 140％）

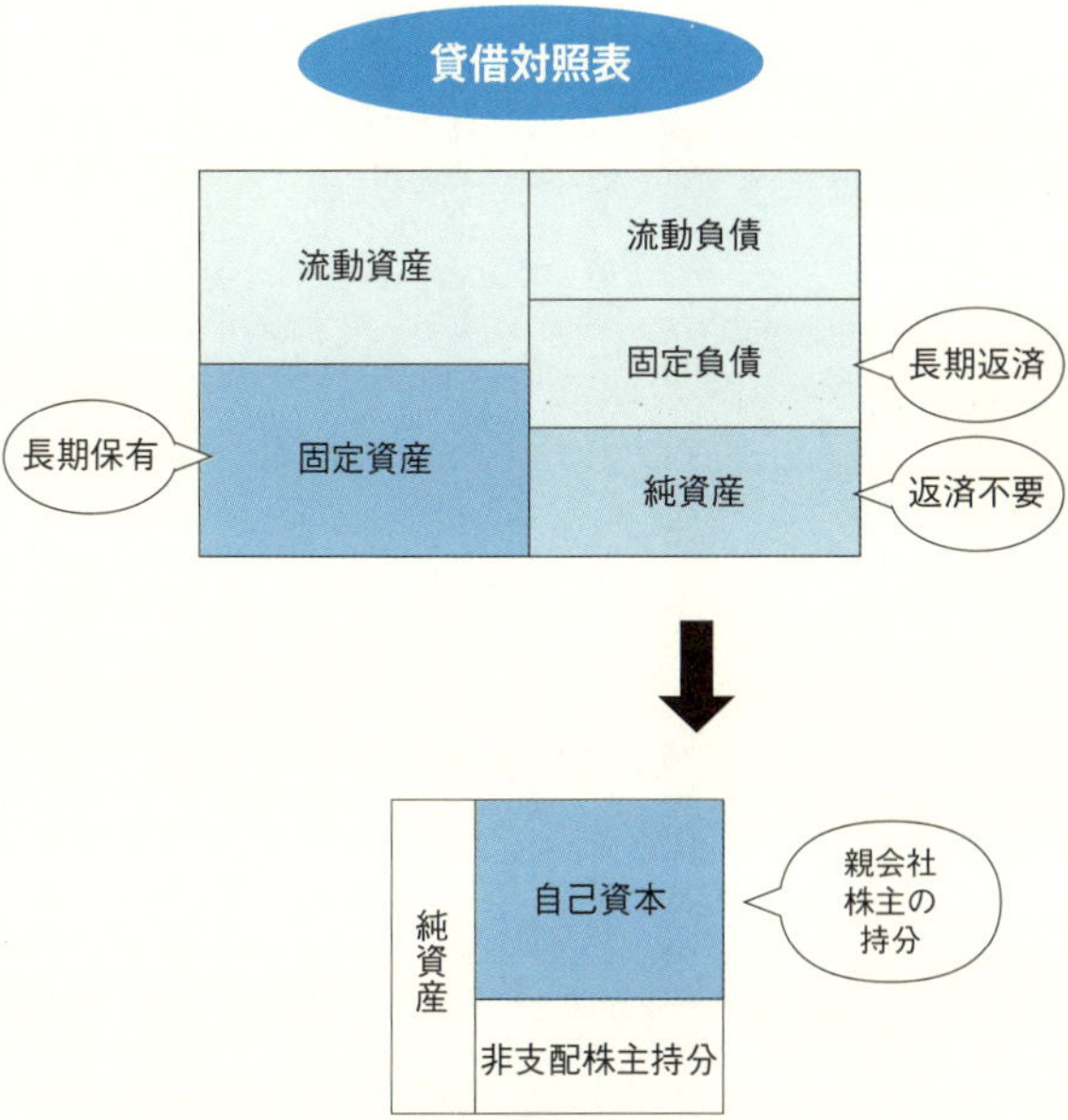

固定比率は「低い」ほうが投資の安全性を表す

PART2

23 自己資本比率

ビール3社の資本分析から見えてくる「意外な違い」

分析でよく使われる重要な指標の1つ

●財務内容を見る際の重要ポイント

貸借対照表の右側は、資本の調達状況を示し、負債＋純資産の構成になっています。負債は要返済、純資産（その主要部分は自己資本）は返済不要ということですから、返済不要の自己資本が大きいほど、その企業は安定しているといえます。

負債＋純資産、すなわち総資本のうち、自己資本が何％を占めるかが重要で、その割合を**「自己資本比率」**といいます。

自己資本比率は、財務内容のよい会社は非常に大きな数値を示します。左ページ下にある、自己資本比率が高い会社のリストを見てください。これらの企業はなぜ自己資本比率が高いのでしょう。

自己資本比率が高いほど安定している

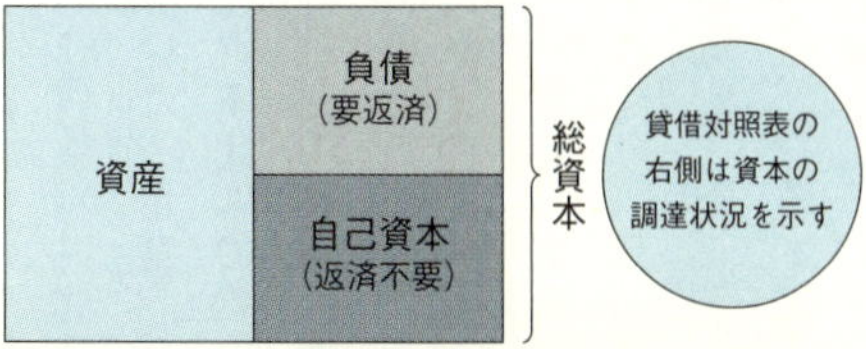

返済不要の自己資本が大きいほど、その企業は安定している

負債＋純資産＝総資本のうち、自己資本が何%を占めるか

↓

自己資本比率

$$\text{自己資本比率} = \frac{\text{自己資本}}{\text{総資本}}$$

売上高が1兆円以上で自己資本比率が60%以上の会社

会社名	売上高 億円	自己資本比率
信越化学工業	15,940	81.1%
アステラス製薬	13,063	66.3%
大塚HD（製薬）	12,920	68.8%
ブリヂストン	36,501	61.6%
デンソー	53,628	62.1%
京セラ	16,237	76.3%
村田製作所	15,750	78.3%
任天堂	12,006	83.4%
東京エレクトロン	12,782	70.0%
NTTドコモ	48,408	73.2%

H31.3期またはその直近期

自己資本比率の高い会社は、留保利益が多い

純資産の部の主要部分は、資本金、資本剰余金、利益剰余金で構成されています。このうち、資本剰余金は資本金に準じたものですから、これを資本金等でひとまとめにすると、純資産の部の構成は、資本金等＋利益剰余金となります。

この利益剰余金とは、毎年、企業が稼ぎ出した利益の蓄積額のことをいいます。ずっと昔からの利益の累計です。ただし、会社は利益の中から配当等をしますから、それらの金額を除いた、企業内部に留保された利益を意味します。

自己資本比率の高い会社は、自己資本のうちの資本金等が多いのではなく、会社が稼ぎ出した利益の蓄積（留保利益）が多いのです。

ビール3社の意外な違いとは？

今度は、同じ業界での自己資本比率を比べてみましょう。熾烈《しれつ》な争いを繰り広げているビール3社を取り上げます。

表を見ると明らかなように、自己資本比率ではキリンが39・8％と高くなっています。ところが、総資本に占める資本金等の割合はサッポロが高いのです。

それがどこで逆転したかは歴然としています。利益剰余金でキリンが群を抜いていま

ビール3社の自己資本の構成
（総資本に対する割合）

		キリンHD	アサヒグループHD	サッポロHD
総資本		100.0%	100.0%	100.0%
自己資本	資本金等	4.5%	9.8%	14.8%
	利益剰余金	41.0%	26.7%	7.2%
	その他	−5.7%	0.8%	3.2%
	自己資本比率	**39.8%**	**37.2%**	**25.2%**
非支配株主持分		12.4%	0.1%	0.5%
純資産		52.1%	37.3%	25.8%

純資産の割合の差は、利益剰余金の差である場合がほとんど

す。サッポロは利益剰余金の構成では1桁台の割合です。

キリンとアサヒの自己資本比率はあまり変わらないように見えますが、キリンは非支配株主持分が多いため（上場している協和発酵キリンなどの影響）、実質的にはアサヒとの間にも財務的優位性があると考えられます。キリンの純資産の構成比率が高いことはそのことを意味しています。

このように自己資本比率の差は、利益剰余金の差である場合がほとんどです。大胆にいえば、**自己資本比率は長期的な収益性を表している**ともいえるのです。

24 自己資本利益率（ROE）

昨今、注目度が高まっている「株主重視の指標」

●連結決算の場合の算式に注意

資本利益率は何種類かあるわけですが、株主重視の考え方のもとでは、**自己資本利益率**（ROE＝Return On Equity）が重要とされています。

自己資本利益率の算式は、

当期純利益÷自己資本

（連結決算では　親会社株主に帰属する利益÷自己資本）

で表されます。

問題はここに表示されている「親会社株主に帰属する利益」です。連結決算の場合には当期純利益が「親会社株主に帰属する利益」と「非支配株主に帰属する利益」に区分されます。

PART2

自己資本利益率（ROE）とは？

$$自己資本利益率(ROE) = \frac{当期純利益}{自己資本}$$

$$連結決算の場合 = \frac{親会社株主に帰属する利益}{自己資本}$$

自己資本利益率の利益とは（連結会計の場合）

連結損益計算書

売上高	20,000
⋮	⋮
⋮	⋮
税金等調整前当期純利益	700
法人税等	200
当期純利益	500
非支配株主に帰属する当期純利益	30
親会社株主に帰属する当期純利益	470

自己資本に対応するのは
この利益

P.110参照

＊純資産と自己資本の違いについては前々項で説明しましたが、実質的には純資産から非支配株主持分を差し引いた金額が自己資本です。ということは、自己資本は親会社の株主の持分ということになります。

その対応関係を考えれば、分母である自己資本が非支配株主持分を差し引いているのですから、分子である純利益も非支配株主に帰属する純利益金額を控除するべきです。それが、親会社株主に帰属する利益です。

●理想は「自己資本比率もＲＯＥも高い会社」

ところで、この自己資本利益率を高めるためには、算式が「当期純利益÷自己資本」ですから、

①当期純利益を多くすること
②自己資本を小さくすること

の２つの方法があります。

分子の当期純利益を高めることにはまったく異存はありません。これに対し、分母の自

己資本を小さくすることの適否はどうでしょうか。

一般的に自己資本の大きい会社、つまり自己資本比率が高い会社は安定した会社であり、よい評価を与えられています。ところが、ここで取り上げた自己資本利益率から見ると、自己資本が小さいほうが、自己資本利益率を高めやすいのです。

確かに、少ない自己資本で大きな利益を上げることは効率的といえます。理論的には、自己資本のコストは負債のコストより高いとされ、負債を活用したほうが有利という判断もあります。

一方で企業の安全性という観点からは、自己資本が小さいことは問題とされることが多くなっています。ですから、**自己資本利益率だけから会社の良否を判断するのは危険**といえそうです。

そうした意味からすると、前項で述べた自己資本比率が高く、しかも自己資本利益率が高い会社であれば理想的ということになります。

●東京エレクトロンのすごさ

自己資本比率も自己資本利益率（ROE）も両方高く、しかも名の知れた規模の大きな会社というと、そう多くあるわけではありません。

さて、上の表は、A社がどこかを推定してもらう問題です。

比較していただく東京エレクトロンの資料は平成31年3月期のもので、まさにこの項目で取り上げている自己資本利益率も自己資本比率も高い会社です。東京エレクトロンは、半導体製造装置を作っている会社で、世界トップシェアを誇る製品をいくつも持っています。31年3月の数字は素晴らしい状況にあります。

一方、A社のほうは同じ業界ですが、売上高は3分の1程度。売上総利益率は一般的な指標25%ほど、自己資本比率は非常に高く、東京エレクトロンを上回っています。しかし、その他はちょっと見るのも気の毒な状態です。さて、どこの会社か想像つくでしょうか。

A社はどこの会社？

（金額　億円）

	A社	東京エレクトロン
売上高	4,186	12,782
売上総利益	1,083	5,262
営業利益	−22	3,106
親会社株主当期純利益	−90	2,482
総資本	6,963	12,576
自己資本	5,118	8,807
自己資本比率	73.5%	70.0%
自己資本利益率	−1.8%	28.2%

実は、A社は10年前の東京エレクトロンなのです。半導体分野が景気の影響を大きく受けるのは業界特性ですし、ましてやリーマンショックの直後、どの会社も大変でした。しかし、そうだとしても、この時の同社が大変な苦境にあえいでいたことは間違いありません。何しろ売上が半分程度まで減少してしまったのですから。

経常利益はわずかながらプラスを維持したものの、最終利益はマイナスになりました。結果的に自己資本は減少、そこから、まさに社員一丸となって会社を建て直したようです。その結果が、現在の数字。もちろん、これからも激しい業界の波風にさらされるのでしょうが、期待できる会社の1つです。

どんなによい会社であっても、いつもいつも順風ではないのだ、そんなことを現実の数字が教えてくれているようです。

25 比率の評価方法

自社の数値の善し悪しを知るには「他社」「業界」「期間」で比較しよう

●業界平均の資料はどうやって手に入れる?

決算書分析に使う比率の説明をひと休みして、「経営比較」（現状を何と比較するか）についで整理したいと思います。分析比率の計算を行ったところで、その比率の善し悪しはどう判断すべきかがわからなくては困ります。

分析比率の評価は経営比較によって行います。その方法には3種類があります。

①他社比較……同業のライバル企業との比較。

中小企業の同業他社データは入手困難なので、大会社同士の比較で使われます。

②標準比較……業界の平均値との比較。

業界平均値のデータには何種類かがあります（後述）。

③期間比較……自社の過去の数値との比較、趨勢《すうせい》比較ともいう。

資料入手は容易ですし、重要性は非常に高いといえます。

自社の数値は業界の平均値と比べてどうなのか、気になるところです。

業界平均値は、その業界の同業者団体が作成したもの、都道府県などが地元の中小企業の数値をまとめたものがあります。ここでは、全国的な業界指標を紹介しておきましょう。

①産業別財務データハンドブック（株式会社日本経済研究所）

上場企業の業種別平均値や個別企業の数値が10年間のトレンドで示されている。

②中小企業実態基本調査（中小企業庁）

毎年、中小企業庁が中小企業の財務状況、経営状況を調査公表している。決算書分析比率そのものの統計ではないが、WEBで公開されているので、資料入手はしやすい。

③小企業の経営指標（日本政策金融公庫）

日本政策金融公庫の融資を受けている会社のうち50人未満の小規模企業が調査対象。各業種単位で見ると隔年調査だが、WEBに公開されている。

④TKC経営指標

ＴＫＣという税理士の組織団体が作成。対象企業の数が非常に多く、平均値としての信頼性はあるが、掲載資料の入手が難しいのが難点。ただし、一部はＷＥＢで公開。

なお、中小企業の決算書の入手は、信用調査機関等が有料で提供するものはありますが、公開している企業以外は基本的には入手不能です。一方、上場企業の決算書は、各社のホームページや「ＥＤＩＮＥＴ」（金融庁）というサイトで入手が可能です。

本当に重要なのは「計画値」との比較

経営比較は、以上のように他社比較、標準比較、期間比較の3つが重要です。しかし、最も重要なものは、計画値との比較です。

ところが、これができている企業は少ないようです。売上や利益の計画はあっても、主要な決算書分析についての目標がないのです。すべての分析項目について目標値を持てというのは酷かもしれませんが、**主要比率については目標値を持つべき**です。

そして、その目標を達成するために具体的に何をすべきか、行動目標を明確化すべきです。そうした過程があればこそ、決算書分析は活きてくるのです。そして、目標値と実際との間に生じた差異の分析もまた意味のあるものになっていくのです。

比率の善し悪しを判断する

分析比率の評価は経営比較によって行う

経営比較の3つの方法

① 他社比較 ………… 同業のライバル企業との比較
② 標準比較 ………… 業界の平均値との比較
③ 期間比較 ………… 自社の過去の数値との比較

これ以外に

最も重要！

計画値との比較

分析比率について目標値を持つ

↓

その目標を達成するために何を
なすべきかを具体的にする

↓

決算書分析が活きてくる！

全国的な業界指標

産業別財務データハンドブック（日本経済研究所）
中小企業実態基本調査（中小企業庁）
小企業の経営指標（日本政策金融公庫）
ＴＫＣ経営指標

PART2　章末理解度チェック「○×クイズ」

以下はホント？ウソ？

Q12 決算書の分析を行う時、売上高に対する利益率の観点も重要だが、それ以上に投資に対する利益率の把握が重要である

――少ない投資で多くの利益を獲得する方法を考えるのが経営の基本（答え○）

Q13 決算書の分析の出発点は資本利益率からである場合が多いが、それは売上高利益率と商品回転率に分解できる

――資本利益率は売上高利益率と資本回転率に分解される（答え×）

Q14 貸借対照表の左側には資産、右側には負債が書かれているが、資産の金額と負債の金額は一致することでバランスシートと呼ばれる

――貸借対照表の右側は負債＋純資産、２つの金額合計で左側の資産の金額と一致する（答え×）

Q15 具体的な資本利益率の計算としては、総資本と経常利益、経営資本と当期純利益の組み合わせがよく用いられる

——経営資本とは営業利益、自己資本と当期純利益。総資本と当期純利益も可。（答え✕）

Q16 総資本回転率は、だいたい1回転前後であることが多いが、この比率は年々高まっている

——多くの投資を必要とする場合が増え、総資本回転率は低下傾向にある（答え✕）

Q17 受取勘定回転率は、売上代金の回収の早さを意味しているが、この回転率が高いほうが経営的には望ましいといえる

——売上代金の回収が早ければ資金を有効活用できる（答え○）

Q18 商品回転率は高いほうがよいとされているが、あまりに在庫が少ないとチャンスロスも発生するので、回転率も適当な数値が望ましい

——チャンスロスを防ぐ意味で、ある程度のストックも必要（答え○）

PART2

Q19 固定資産回転率は設備投資効率を見る比率で、その算式中、分子は売上高だが、分母は有形固定資産を使う

——分母は有形固定資産ではなく、固定資産全額（答え×）

Q20 手元流動性比率の分子は現金・預金＋有価証券だが、一般的には3カ月から3・5カ月くらいの月商に匹敵する現金保有が普通とされている

——手元流動性の大まかな基準は月商の1から1・5倍といわれている（答え×）

Q21 流動比率は、流動資産を流動負債で割って求める。この比率は200％以上が理想とされているが、日本企業の平均はもっと低い

——流動比率は120％から140％程度の企業が多い（答え○）

Q22 固定比率は低いほうがよいとされる比率である

——分母の自己資本の範囲で固定資産を調達しているようなら、超安定会社（答え○）

Q23 一般的に、自己資本比率の高い会社というのは、株主が拠出した資本金の多い会社である

——自己資本比率の高い会社は利益の留保の多い会社である場合が多い（答え×）

Q24 連結決算では、自己資本利益率（ROE）の分子は、非支配株主に帰属する利益も含めた当期純利益とすべきである

――分子は、当期純利益から非支配株主に帰属する当期純利益を控除した親会社株主に帰属する利益とすべきである（答え✕）

Q25 分析比率を計算した後の経営比較の方法としては、趨勢比較、標準比較、期間比較の3つがある

――趨勢比較と期間比較は同じ。もう1つは他社比較（答え✕）

PART3

知っておきたい「企業評価の方法」

——キャッシュフローを中心として

26 EVAで企業評価をする

先進企業が採用する「積極性」を表わす指標

●損益計算書の「最大の欠点」とは何か

P.48参照

また、章の冒頭での皆さんへの質問です。

銀行から借りたお金等への「支払利息」は、損益計算書の営業外費用*に計上されると申し上げました。では、株主等への「支払配当金」はどこに計上されるのでしょうか。

実は、支払配当金は損益計算書に計上されないのです。つまり、損益計算書には負債のコスト（支払利息）は計上されているのですが、自己資本（純資産）のコストは計上されないのです。これは損益計算書の最大の欠点ともいえます。

自己資本を多く用いている企業では、「最終的には利益が出ているからよいだろう」では済まされません。**自己資本のコストに見合った利益が出ているかどうかが問題**なのです。

そこで、自己資本コストも含めた企業評価の方法が考えられるようになりました。ここでご紹介する「EVA」(Economic Value Added＝経済的付加価値)が、その1つです(EVAはスターン・スチュアート社の登録商標です)。次の算式で示されます。

EVA＝税引後営業利益－資本コスト

EVAでは、税引後営業利益(NOPAT＝Net Operating Profit After Tax)という概念を使っています。要は、営業利益から税金を差し引き、さらに資本コスト(負債コストと自己資本コスト)を差し引くことで、これがプラスなら経済的付加価値が認められるというのです。

比率でなく金額であることが重要

資本利益率*(利益÷資本)は、経営指標の最重要指標とされています。しかし、資本利益率向上のために、利益の増加よりも、分母の資本の減少に力が注がれたのでは問題です。企業が縮小均衡に向かってしまう危険性があり、望ましいことではありません。

P.72参照

その点、EVAは金額で求めるものであり、積極的な企業姿勢が評価されることになります。

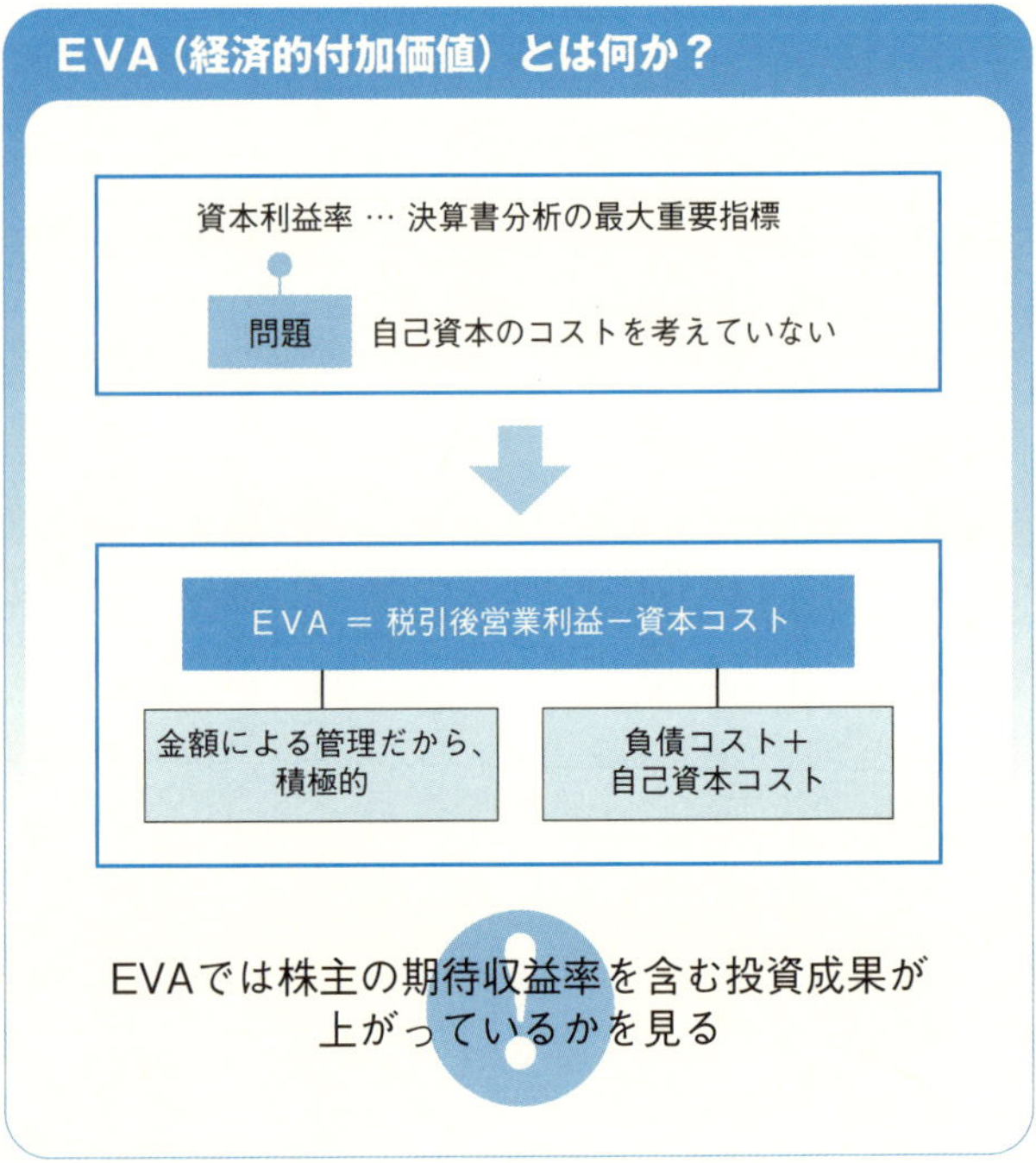
EVA（経済的付加価値）とは何か？
資本利益率 … 決算書分析の最大重要指標
問題
自己資本のコストを考えていない
EVA ＝ 税引後営業利益－資本コスト
金額による管理だから、積極的
負債コスト＋自己資本コスト
EVAでは株主の期待収益率を含む投資成果が上がっているかを見る

ＥＶＡの最も大きな特徴は、資本コストとして、負債コストの他に自己資本コストを組み入れていることです。負債のコストは外部に支払う金利等ととらえればよいでしょうが、自己資本のコストとは何でしょうか。

自己資本のコストは、株主の期待収益率と考えられるのが普通です。国債のようなリスクフリーの商品ではなく、株式のようなリスク資産を購入するのは、それだけ大きな利益が期待できるから。それが期待収益率です。

これがどのくらいかは議論の余地のあるところですが、この期待収益率を自己資本コストと考え、税引後営業利益が資本コストを上回れば、一定の評価が与えられるとする方法です。

たとえば、税引後営業利益が10億円あったとしても、負債のコストが6億円、株主の期待利回りを考慮しての自己資本コストが5億円であるなら、その会社（あるいは事業）のEVAはマイナス評価となります。これがプラスになれば満足できる利益水準というわけです。


EVAと同様の考え方は以前からあったようで、日本でも多くの先進的企業が取り入れるようになりました。しかし、一時期と比べると採用企業は減っています。自己資本コストの決め方が難しいことに大きな原因があるようです。

ただ、自己資本コストを意識した経営を目指すべきだという主張は、非常に重要であることは間違いありません。

投資家なら必ずチェックしておくべき「1株あたり」の数値

●PERが高い株は「割高」?

株主の立場から気になるのが、**「PER」**(Price Earnings Ratio ピー・イー・アール)です。

PERは「株価収益率」と訳されており、株価を1株あたりの利益で除して求めます。

PER=株価÷1株あたり利益

この場合の1株あたり利益は、税引後の当期純利益を株数で割って求めます。そして、株価をその数値で除したものがPERです。

たとえば、株価600円、1株あたり利益30円なら、PERは20倍となります。**PERが高いということは、利益のわりに高い株価水準で株が売買されている**ことを意味します。

（例）株価600円、
1株あたり利益
30円の場合は……

$$\text{PER} = \frac{600}{30}$$
$$= 20\text{倍}$$

どちらかといえば、ＰＥＲが高い会社の株は買い得とはいえないようです。ただ、ＰＥＲが高いことは、今後の企業への期待値が高いことを意味するものでもあります。

それに対し、**ＰＥＲの低い会社は、株価が割安の状況にあるわけです。**

ＰＥＲはその時の株式環境でかなり変動しますが、10倍から20倍くらいの企業が多く、平均は15倍くらいになっています。

なお、１株あたりの利益については、実際の利益ではなく、企業の発表する予想利益を使うこともしばしばあります。

●ＰＢＲが１以下の企業に注目？

「ＰＢＲ」（Price Book value Ratio）は株価純資産倍率と訳されますが、株価が「１株あたり純資産*」の何倍になるかです。

P.76参照

純資産とは総資本から負債を差し引いた金額です。

ＰＢＲ＝株価÷１株あたり純資産

ＰＢＲが低い会社は、純資産が多いわりに株価が低いことを意味しています。特に**ＰＢＲが１以下の会社は、割安感が強い**といえます。

理論上は、ＰＢＲの割合が１というのが株価の下値と考えられますが、実際には、１を下回る会社も相当数あります。平均すると１・２倍程度です。

もし、ＰＥＲとＰＢＲが株価と連動しているのが確実なら、株式を買う時にはこの比率だけを見ればよいことになるのですが、そう単純ではないようです。株価の変動要素は複雑ですし、企業業績とは関係ないところで変動することもあります。ですから、ＰＥＲやＰＢＲはあくまで参考指標といえます。

投資指標の調べ方

1株あたり利益を計算する際などに必要となる「発行済み株式数」は、『四季報』などの書籍や各種ホームページで簡単に調べることができる。また、PERやPBRといった投資に役立つ指標は計算しなくても、こうしたホームページなどにそのまま載せられていることも多い。

PERとPBRは株式投資の重要参考指標

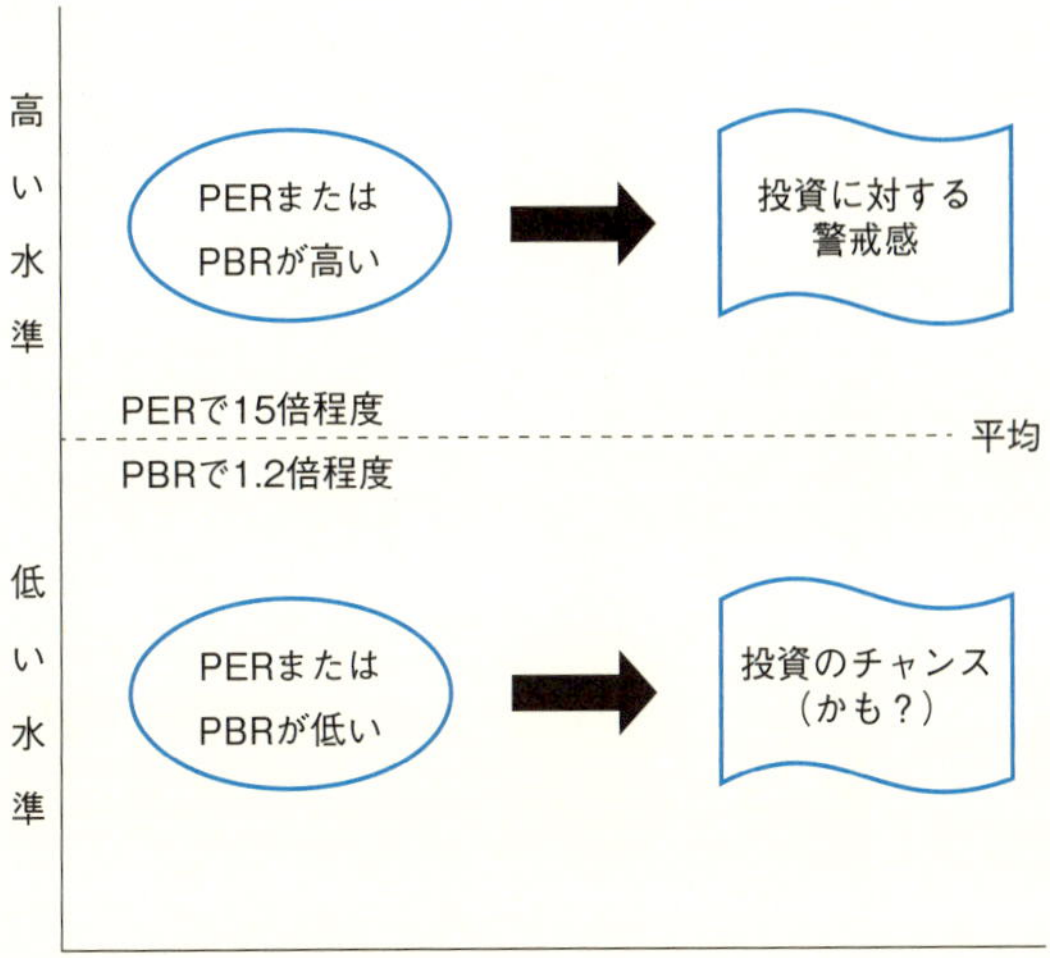

PER（Price Earnings Ratio）＝**株価収益率**

$$\text{PER} = \frac{\text{株価}}{\text{1株あたり利益}} \quad (\text{倍})$$

PBR（Price Book value Ratio）＝**株価純資産倍率**

$$\text{PBR} = \frac{\text{株価}}{\text{1株あたり純資産}} \quad (\text{倍})$$

PART3

損益計算書ではわからない「キャッシュ」の増減を分析しよう

●そもそもキャッシュとは?

本書の冒頭で述べたように、決算書には、貸借対照表と損益計算書、それにキャッシュフロー計算書があります。

すでに、貸借対照表と損益計算書については分析の方法を示してきましたが、キャッシュフロー計算書には触れずにきました。キャッシュフロー計算書は比較的新しい計算書類であることから、なじみも薄く、少々複雑でもあります。

上場企業では2000年3月期より義務化

ここでは、まずキャッシュフロー計算書の構造をご説明することから始めましょう。

そもそもキャッシュとは、現金はもちろんですが、それ以外に当座預金や普通預金、それに3カ月程度の短期の定期預金などを指します。

キャッシュフロー計算書は、決算期のはじめから終わりまでのキャッシュの増減理由を

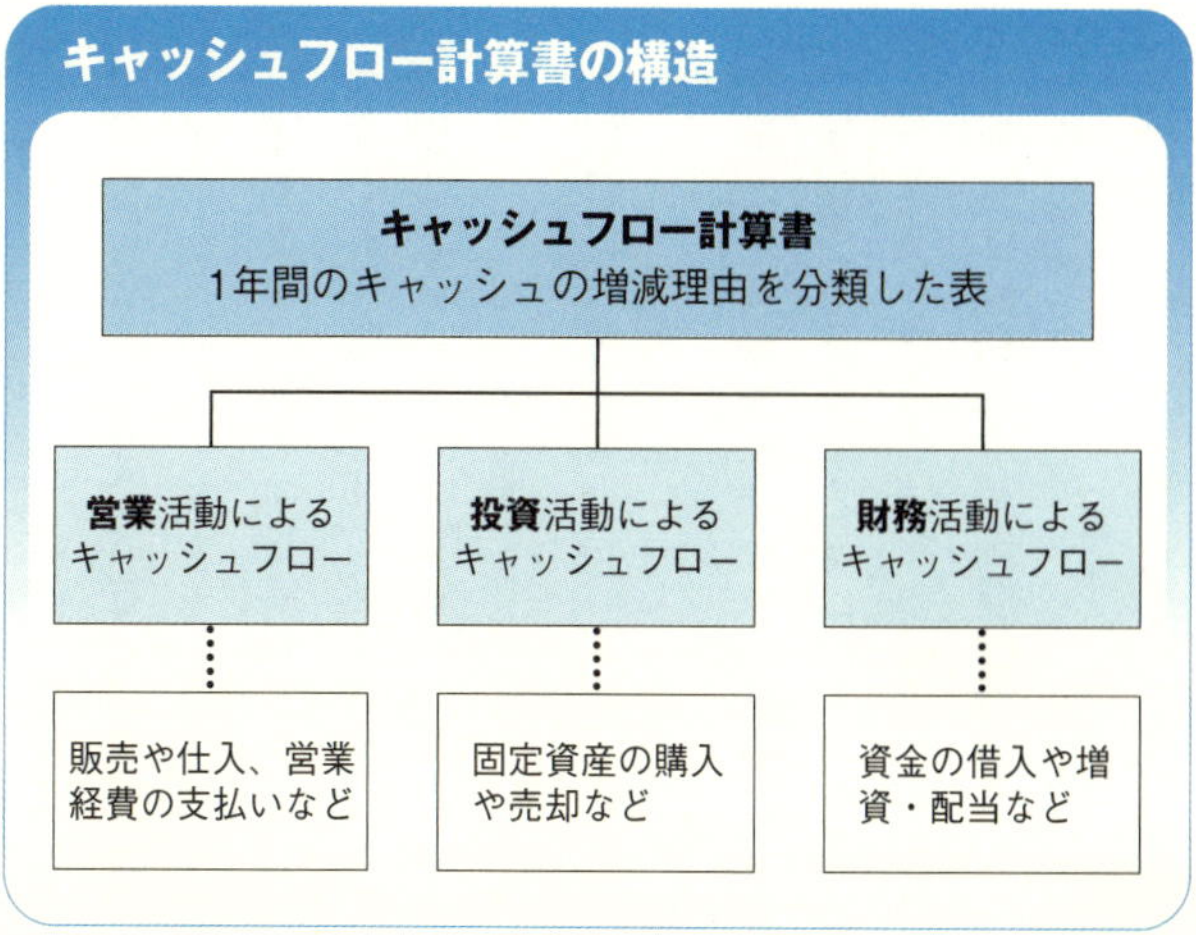

分類した表です。損益計算書が終了した1年間の儲けの状況を示すのと同じように、キャッシュフロー計算書も終了した1年間のキャッシュの動きを示しているのです。

キャッシュフロー計算書は、次の3段階に分類されています。

①**営業活動によるキャッシュフロー**

商品の販売や仕入、営業経費の支払いなどに関するキャッシュの増減

②**投資活動によるキャッシュフロー**

固定資産の購入や売却などに関するキャッシュの増減

③**財務活動によるキャッシュフロー**

資金の借入や増資・配当に絡むキャッシュの増減

●減価償却費を「加える」ことに注意

キャッシュフロー計算書は、「営業活動によるキャッシュフロー」（以下、「営業CF」と表現します。他の「投資CF」「財務CF」も同じ）からスタートします。営業CFの最初に出てくるのが、税引前当期純利益（連結決算書では税金等調整前当期純利益）です。これに減価償却費*を加えるところからスタートします。

P.43参照

利益に減価償却費という費用を「加える」ことには、ちょっと違和感を持たれる方が多いと思います。

企業が純利益を出せば、その分だけキャッシュが増えると考えるのが自然です。しかし、純利益を計算する時には、「減価償却費」を差し引いています。減価償却費は実際にお金を支払う費用ではないので、キャッシュが減るわけではありません。したがって、**キャッシュは純利益＋減価償却費の金額だけ増加するだろう、というところからスタートするのです。**

その後、たとえば期首よりも期末に売掛金が増加していれば、その金額は顧客に貸して

キャッシュフロー計算書はこうなっている

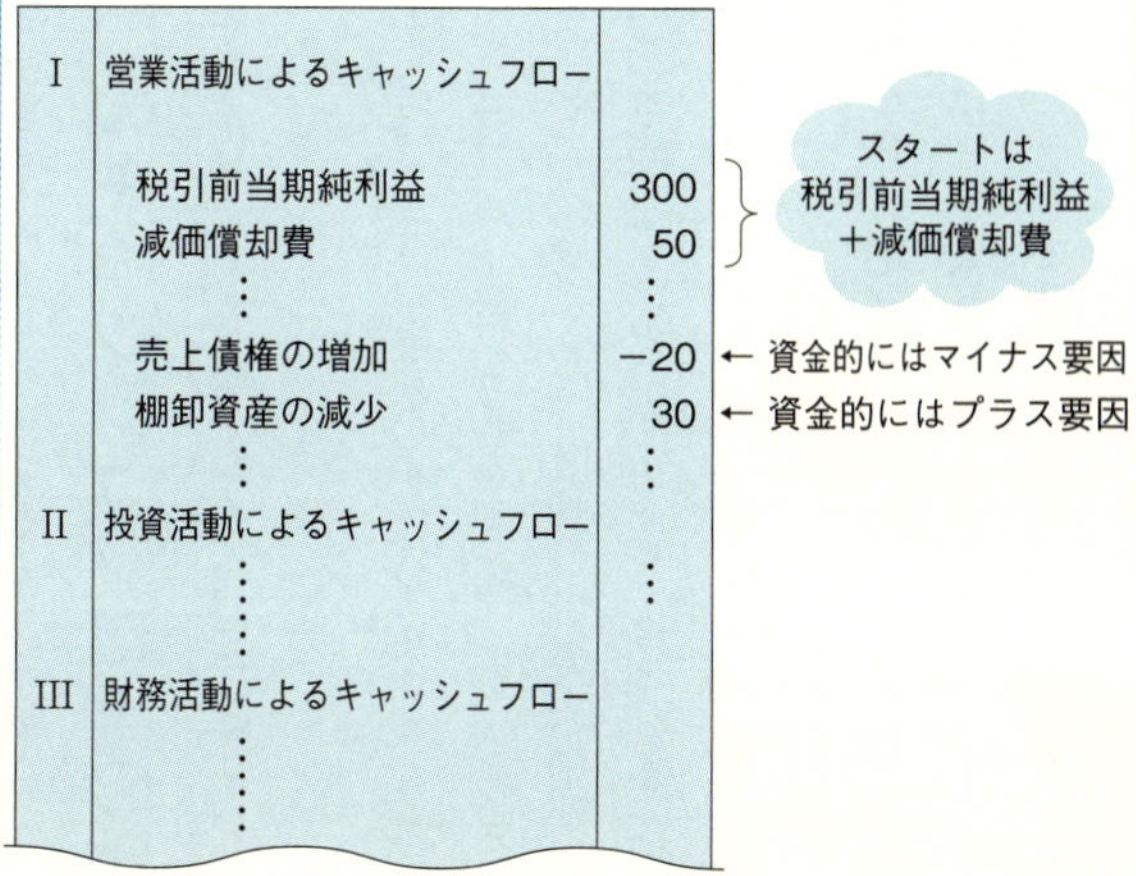

Ⅰ	営業活動によるキャッシュフロー	
	税引前当期純利益	300
	減価償却費	50
	⋮	
	売上債権の増加	−20 ← 資金的にはマイナス要因
	棚卸資産の減少	30 ← 資金的にはプラス要因
	⋮	
Ⅱ	投資活動によるキャッシュフロー	
	⋮	
Ⅲ	財務活動によるキャッシュフロー	
	⋮	

スタートは

税引前当期純利益

あるわけで、自分の手元にないのですから、利益が出ているわりには資金は増えません。こうした場合、「売上債権の増加」としてキャッシュがマイナスとなる表示をするのです。

この本は決算書分析の本なので詳細な説明は避けますが、要は純利益＋減価償却費から始めて、資産や負債の増減がキャッシュにどのような影響を与えているのかを見るのが、キャッシュフロー計算書なのです。

3つのキャッシュフローの比較から、「危ない会社のパターン」が見える

●営業CFはプラス、投資CFはマイナスが基本

キャッシュフロー計算書を見る1つのポイントは、3つのキャッシュフロー、すなわち、営業CF、投資CF、財務CFの大小関係にあります。

経営の基本的な考え方からすれば、営業活動によって稼いだキャッシュフローを投資（設備投資など）に回し、さらに余裕があれば財務（銀行への返済や株式配当など）に回すのが基本です。そのため、**キャッシュフロー計算書を分析する最初のポイントは、営業CF＞投資CF（絶対値）となっているかどうか**です。

投資CFは固定資産の購入等が中心ですので、資金支出のほうが多くなり、マイナス表示になるのが普通です。したがって、営業CFのプラス部分と、投資CFのマイナス部分の金額（絶対値）を比較するわけです。営業CFが投資CFの絶対値を超えていればよい

とされます。

投資金額が多い年にはこの関係が逆転することもあるわけで、必ず毎年プラスでなければいけない、というわけではありません。

ただ、3つのキャッシュフローのうちの主役である営業CFがマイナスですと、会社として健全でないのはもちろんです。どのくらいの営業CFを稼ぎ出すことができるかは、非常に大きなポイントになります。

一方、投資CFはマイナスになることが普通ですから、投資CFがプラスとなる場合は、長期保有株式や土地などの多額の売却があったことを意味します。

こうした場合、その理由が問題になります。会社の資金繰りに追われ、株式や土地を売却するケースは少なくありません。グループ会社の株式を売却したり、土地を売却整理したりして、**企業再建を図ろうとする時は、投資CFがプラスになることが多い**ようです。

●財務CFは金額より内容に注目

財務CFは、増減金額よりもその内容に注目したいところです。

財務CFは銀行からの借入や返済、あるいは社債の発行・償還の資金の動きが中心にな

小僧寿しチェーンのキャッシュフロー等　（単位　百万円）

	平成21年12月期	平成26年12月期	平成30年12月期
売上高	24,648	12,068	5,517
当期純利益	60	△ 1,546	△ 1,679
キャッシュフロー計算書			
営業CF	235	△ 1,157	△ 433
投資CF	1,094	148	△ 201
財務CF	△ 550	1,248	563
現金等期末残高	3,724	1,276	201

るものの、株主への配当、自己株式の取得などの項目も入ってくるからです。

配当や自己株式の取得といった株主優遇策への資金の支出は大いに評価されるべきであり、その支出の多寡から、企業の財務政策をうかがい知ることができることになります。

●CF計算書から見る、小僧寿しの苦境

かつては「寿司業界の革命児」と言われた小僧寿しが平成30年12月決算で債務超過（資産＜負債の状態）に陥りました。寿司を安く提供する持ち帰りチェーンとして、外食業界の雄として知られていましたが、回転寿司やコンビニなどとの厳しい競争の結果です。

表は最後に当期純利益を記録した平成21年と、5年後の平成26年、そして債務超過の決算を出した平成30年の

比較です。小僧寿しの売上は最高時1000億円を超えていましたから、平成21年でもう5分の1程度、その後5年間で半減し、平成30年はさらにそこから半減の55億円です。

それでも平成21年は、当期純利益や営業CFはプラスでした。その後は毎年赤字を出し続けたのです。その結果、営業CFもほとんど毎年マイナス、資金繰りが楽なわけはありません。現金及び現金同等物の期末残高は激減してきました。そもそも営業CFがマイナスというのは、よほどの特殊条件が存在しなければ、ほめられる状況ではありません。

CFを見ることで、他の指標以上に小僧寿しチェーンの厳しい現状が見えてくるのです。

自己株式の取得

すでに発行済みの自社の株式を企業が買い戻すこと。自己資本が減少することで、ROE（自己資本利益率）を高めることができる。既存の株主にとっては、市場に流通する株式が減少することで株価上昇につながるため、自己株式の取得は株主への優遇策となる。

PART3

30 営業CFマージンと営業CF対流動負債比率

キャッシュフローの分析には「長期」の視点が不可欠

●営業キャッシュフロー・マージンとは？

キャッシュフロー計算書で企業評価を行う際にも、いくつかの比率で分析することがあります。その1つが「**営業キャッシュフロー・マージン**」です。

営業キャッシュフロー・マージンは、次の式で求めます。

営業キャッシュフロー・マージン＝営業CF÷売上高

この比率は、損益計算書分析の「売上高対経常利益率」*に相当します。売上高対経常利益率は通常、5〜7％程度ですが、営業キャッシュフロー・マージンは、この比率より少し高く8〜10％程度が標準です。

P.54参照

営業CFでは最後に法人税等の支払額を控除するので、経常利益（税金を差し引く前）

より小さくなりそうな感じがします。しかし、営業CFでは減価償却費等が加算されており、上場企業では減価償却の金額がかなり多いことから、結果的に営業CFが多くなり、比率も高くなるのです。

●営業CFは年によって変動が大きい

キャッシュフロー計算書分析でよく使われるもう1つの比率が、流動負債との関係です。貸借対照表の比率分析では、流動比率*（＝流動資産÷流動負債）という指標が重視されました。

P.104参照

この比率をキャッシュフローに置き換えたのが「**営業CF対流動負債比率**」で

実際のキャッシュフロー比率の例

比率名	売上高対経常利益率	営業キャッシュフロー・マージン	営業CF対流動負債比率
算式	経常利益／売上高	営業CF／売上高	営業CF／流動負債
トヨタ	7.6%	12.5%	20.7%
ホンダ	6.2%	4.9%	13.0%
日立製作所	5.4%	6.4%	16.9%
パナソニック	5.2%	2.5%	6.8%
アステラス製薬	19.1%	19.8%	52.0%
花王	13.7%	13.0%	45.4%
旭化成	10.1%	9.8%	31.1%
村田製作所	17.0%	17.8%	107.7%
キーエンス	54.5%	35.7%	244.6%

＊IFRS採用企業は税引前当期純利益を経常利益とみなして計算
＊2019年3月期またはその直近期

す。次の式で求めます。

営業CF対流動負債比率＝営業CF÷流動負債

この比率は流動比率に相当するものとはいえ、流動比率のように200％が理想などという、大きな数値にはなりません。

前ページの実例に見るように、各業界の代表的な企業でもせいぜい15％から30％強程度の企業が多いようです。とはいえ、超優良企業といわれるキーエンスや村田製作所などは相当の数値に達しています。

ただ、営業CFは毎年かなりの変動を伴う場合が多く、安定した比率ではありません。

長期的な視点で見ていくことが必要

各種利益の分析と違い、**キャッシュフロー計算書の分析は、特殊事情の影響を受けやすいようです。**

たとえば、営業CFといっても、純粋な営業活動によって得られたキャッシュとは限りません。キャッシュフロー計算書では、投資CFや財務CFに属さないものは営業CFにするよう求めているので、たとえば保険金の受取収入や損害賠償金の支払いなども営業C

キャッシュフロー計算書で行う比率分析

営業キャッシュフロー・マージン

$$営業キャッシュフロー・マージン = \frac{営業CF}{売上高}$$

⋮

損益計算書分析の売上高対経常利益率に相当するもの

営業CF対流動負債比率

$$営業CF対流動負債比率 = \frac{営業CF}{流動負債}$$

⋮

貸借対照表分析の流動比率に相当するもの

Ｆに含まれてしまうのです。

また、たまたま期末に大量の商品を仕入れてその代金を払えば、営業ＣＦはマイナス方向に動きます。したがって、１期のみのキャッシュの動きで判断するのではなく、長期的に見ていくことが必要なのです。

31 フリー・キャッシュフローとは？

「自由に使えるお金」は多いほうがいい。ただし例外も!?

●企業にとっての「自由に使えるお金」とは？

キャッシュフロー計算書から企業を見る指標の1つとして、重要であり、かつ簡単にわかる指標が、**フリー・キャッシュフロー**（以下フリーCF）です。

フリーCFとは、企業が経営活動によって得たキャッシュフローで、使途自由なものを意味します。具体的には、営業CFから、その会社の現状維持のための設備投資を差し引いた金額を指します。

「営業で稼いだキャッシュから、事業を維持していくための設備投資を差し引けば、残りは自由に使えます。それをフリーCFと言いますよ」という程度に理解しておいてください。

使途自由なキャッシュは、事業拡大のための投資や、株主への優遇策等に使うことができます。このフリーCFをどのくらい稼げるかが、企業価値を判断するのに非常によいとされているのです。

しかし、実際にフリーCFの計算を行う時には、「現状維持のための設備投資」がいくらかを計算することになりますが、これは簡単には把握できそうにありません。

そこで、簡便的に**「営業CFに投資CFを加えた金額」をフリーCFとすることが主流**になっています。（投資CFはマイナスとなることが多いので、実際には営業CFから投資金額を差し引いた金額のイメージになります）。

フリー・キャッシュフロー＝営業CF＋投資CF

●成長企業ではずっとマイナスが続くことも

フリーCFが多いか少ないかが企業評価の基準になるといっても、1期間だけの状況で判断できるものではありません。

ある年度には思い切って投資する必要があることもあります。営業CFはいつも通りの成績を上げたとしても、その年度に大きな投資をすれば、フリーCFがマイナスになることは十分考えられます。

特に、成長期の企業では、投資金額がかさみ、数年間にわたってフリーCFがマイナスになることがあるのです。

したがって、ある年度でフリーCFがマイナスだとしても、それでは絶対ダメだというわけではありません。しかし、**成長期でない企業のフリーCFが、長期間マイナスが続くのであれば、それはよいキャッシュフローとはいえない**でしょう。

次ページには超積極的投資の日本企業の代表であるソフトバンクグループのフリーCFを記載しています。ビックリするようなマイナス数値ですが、孫氏流の投資がどうなっていくのか、興味深いところです。

フリーCFとは？

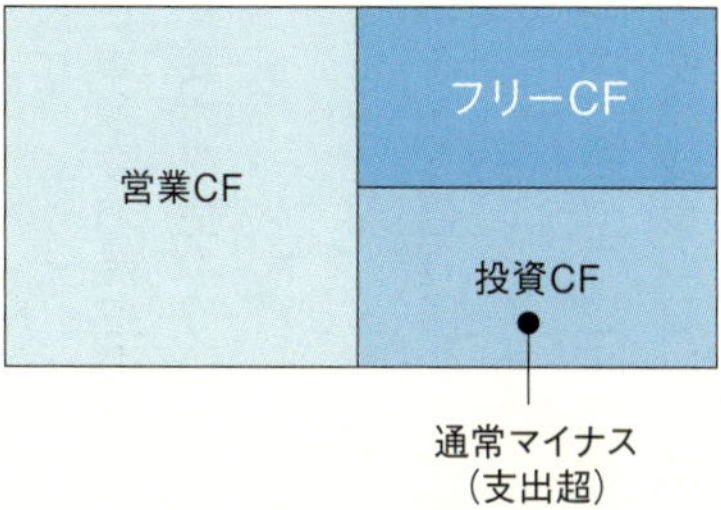

フリーＣＦ＝営業ＣＦ＋投資ＣＦ
（通常はマイナス）

この金額は、返済や配当などに使える

↓

フリーＣＦをどのくらい稼げるかが、
企業価値を判断するのによいとされている

ソフトバンクグループ㈱のフリー・キャッシュフロー

（単位　億円）

	平成29年3月期	平成30年3月期	平成31年3月期
営業CF	15,008	10,886	11,719
投資CF	△42,136	△44,848	△29,080
フリーCF	△27,128	△33,962	△17,361

巨額のマイナスが続いている

PART3　章末理解度チェック「○×クイズ」

以下はホント？ウソ？

Q26 EVAは、株主の期待収益率を考えている点で、総資本対経常利益率に比べ、優れた要素を持っている

――負債のコストと自己資本のコストを両方考えている点によさがある（答え○）

Q27 PERとは、1株あたりの利益の何倍が株価になっているかを見る指標で、だいたい1・5倍程度の企業が多くなっている

――PERは10～20倍程度。PBRが1・2倍程度。（答え×）

Q28 キャッシュフロー計算書の主要部分は、営業活動、投資活動、財務活動という3つのキャッシュフロー部分で構成されている

――この3つのバランスがどうなっているのかを知るのがポイント（答え○）

Q29 企業のキャッシュフロー計算書では、営業CF＜投資CF（絶対値）の関係になっていれば、まずまずの資金状況と考えていい

Q30 ——不等号が逆。営業CF＞投資CF（絶対値）の関係が重要（答え×）

営業キャッシュフローと流動負債の金額とがほぼ同一なら財務状況の均衡が取れており、日本では約半数の企業がそうなっている

——一般的には営業CFの3倍から7倍程度の流動負債がある（答え×）

Q31 フリー・キャッシュフローの求め方にはいろいろあるが、営業CFと投資CFを加える方式で求めることも行われている

——イメージとしては営業CFから投資額を差し引いた金額（答え○）

PART4

分析結果を「経営改善」に活かす

——今、すべきことが見えてくる

32 どのようにカイゼンしていくか？

大項目から小項目へと分析し、会社の「真の問題点」を見つけ出す

●「分析」だけで終わっては経営者失格

決算書は、分析しただけでは意味がありません。

会社の状況を把握、評価し、そのうえで、会社をどの方向に進ませるか、どのように改善していくかの方向性を示すのが、経営者の仕事です。「戦略」のない経営者ではダメでしょうし、リーダーシップを持つことは絶対に必要です。

しかし、その戦略を実際に行動に移していくのは社員です。社長だけで何かができるわけではありません。経営者が会社の方向性を明確にし、それを社員が理解し、実行に移していく必要があるのです。

ここからは、決算書分析と経営戦略の関係について考えてみましょう。

●大きな項目から小さな項目へ、分析を掘り下げる

もしも、業界平均から見て「総資本対当期純利益率」が低かったとしましょう。これを改善するためには、売上高対当期純利益率の向上か総資本回転率の向上しかありません。ただ、この段階で売上高対当期純利益率の向上を図ろうと言ったところで、具体的に何をすべきか、なすべき行動が明確になるわけではありません。総資本回転率でも同じことです。

資本利益率の分解についてはP.72参照

決算書分析は大きな項目から、小さな項目に移っていきます。

たとえば、総資本対当期純利益率が悪い原因が、売上高対当期純利益率にあったとします。今度は、その比率が悪い原因を探求していきます。具体的には、損益計算書の他の利益率を調べていきます。売上総利益率はどうか、営業利益率はどうか、経常利益率はどうか、という具合です。

P.84参照

また、*総資本回転率が悪い場合には、受取勘定回転率はどうか、棚卸資産回転率はどうか、固定資産回転率はどうかというように調べていきます。

このように、**大きな問題点から出発して、どこに問題があるのか、その問題点を特定していこうとするのが、決算書分析の方向性**なのです。

●ある数値が改善すると、他の数値が変化することも

経営上の問題点というのは、相互に関連性を持っており影響し合うものです。ですから、ある問題点の解決のために行動すると、他の比率に影響を与えることも多いでしょう。

たとえば、売上総利益率が悪い原因を調べてみると、今まで小ロットで発注していたために、仕入単価が高くなっていたことがわかったとします。そこで、これを解決するために大量発注をすると、今度は在庫が多くなり、棚卸資産回転率が低下する現象が発生します。

このように関連する事象を考えながら、経営改善をしていく必要があります。

決算書分析は大項目から小項目へ進む

決算書分析の目的とは？

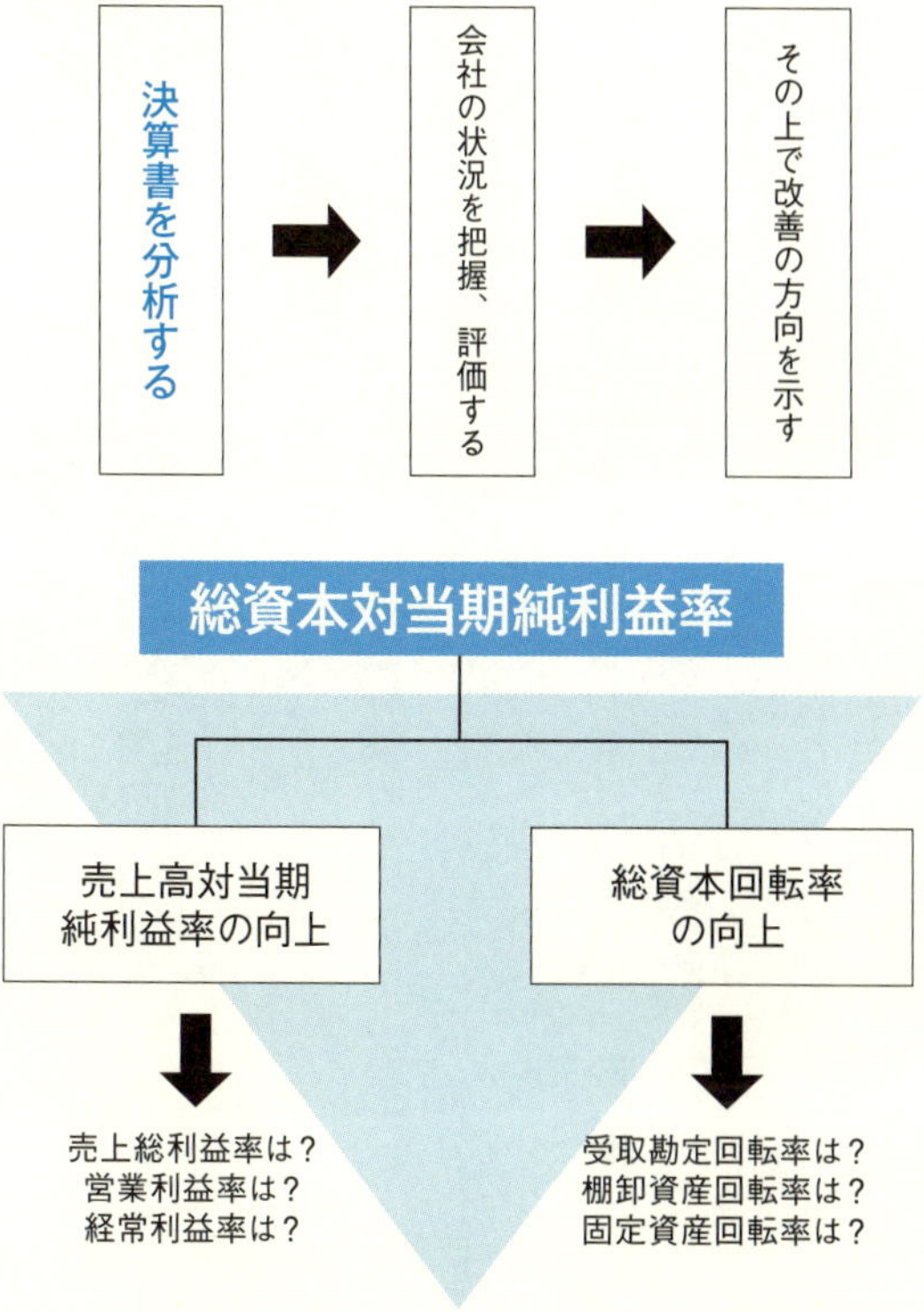

問題点を特定していこうとするのが、
決算書分析の方向性

33 カイゼンの「目標」の立て方

功罪あった「ゴーン改革」。そこから最も学ぶべきことは何か？

●明確だった数値目標

日産のカルロス・ゴーン元会長の逮捕は衝撃的でした。そのニュースを知った時、たまたま大学時代のゼミ仲間と会合を開いていましたので、この話が大きな話題になりました。今後どうなるかはわかりませんが、一人の人間に権力が集中した時にどのような問題が生ずるか、その戒《いまし》めとなったことに間違いはありません。

しかし、それはそれとして、ゴーン改革が今の日産に大きな貢献をしたことは事実です。当時を思い出してみましょう。

そもそも、彼が日本に来たての頃は、批判というより非難されることが多かったと思います。でも、その後は見事に日産を再建した経営者として評価が大いに高まりました。

日産は「日産１８０」という目標を立てました。年間１００万台の売上増加、８％の営業利益率、自動車部門の実質有利子負債ゼロという目標です。2002年のことでした。目標をきちんと数字で表現し、わかりやすい項目に絞り、それでいて全体を見逃さない素晴らしい目標だと思いました。しかも、それを3つとも成し遂げた実力には尊敬の念すら覚えます。

経営の目標というのは、できるだけ数字に表すべきです。数字で表されないと、チェックができず、結果的には達成へ向けての使命感が薄れてくるのです。

●社員が意識できる目標への翻訳も大切

会社全体で目標を持つことは非常によいことなのですが、そのためには一人ひとりがどのように行動すべきか、具体的な活動目標がなくてはなりません。そして、その目標自体もできるだけ数値化すべきです。

不良率の状況、顧客から寄せられた不満の内容とその数、事故率の減少、値引きの増減、欠品率等、経営に関係する数値は数多くあります。その部署では、どんな問題点があり、それをカイゼンするためにはどんな数値目標を立てるか。そこが重要なポイントです。そして、階層が下になればなるほど、目標は具体的で身近なものにする必要があります。

PART4

●「いっぱい」は「ない」に等しい

以前、訪問した会社で、いろいろな場所に目標をスローガン風に貼り出してあるところがありました。最初は活気があるな、と思っていたのですが、よく見ると、あまりにも多種多様な目標が書かれていることに驚いてしまいました。

社員は、その目標をどれだけ意識できているでしょうか。あまりに多い種類の目標は目標ではありません。覚えられないし、意識もできないはずです。多くの目標が掲げられていると、何となくムードとしてはよいのですが、経営改善の実行力という面からすると、そのような目標の立て方は失敗です。

いくつの目標であれば社員は意識できるのか。せいぜい3つがよいところではないでしょうか。さらに、最重点目標は1年に1つでよいと思います。

大切なのはそのことを達成する実行力です。それに、1つの最重点目標を達成した時に波及する効果は、必ず他の面でも表れてきます。そうすれば、「あれもこれも」の経営姿勢より、ずっとよい結果が得られるはずです。

社員が意識でき、目標と実績のチェックができてこそ、よい目標といえるのです。

どのようにカイゼンの目標を立てるか

会社全体の戦略

↓

大きな目標を数値化する

粗利益
30%確保！！

↓

大目標を実現するには、
それぞれの部署で何をカイゼンするか

高付加価値A商品の
売上10%増加

担当商品在庫
5%削減

社員全体が意識できる目標が大切

34 労働生産性と労働分配率

今、話題の「生産性の向上」。そのカギを握る「付加価値」とは？

日本の生産性は諸外国と比べ低いといわれる

●「付加価値」の2つの計算方法

具体的な数値目標という点で、人（労働）に関する数値は非常に重要です。

基本的な決算書分析の観点は「収益性」と「安全性」でした。その収益性の比率の一部として「**生産性**」という指標があります。

生産性は、労働力や設備が効率よく付加価値を生み出しているかどうかを見る指標です。

付加価値とは、企業が経営活動によって、新たに生み出した経済価値のことをいいます。たとえば、材料仕入はよその企業から仕入れたものですから、その企業の付加価値とはいえません。外注加工費も同じです。付加価値は、売上高からこうした外部購入費用を差し引いて求めます。

付加価値の算式

控除法

売上高－外部購入費用（直接材料費、買入部品費、外注工賃、補助材料費）

こちらが主流

加算法

経常利益＋人件費＋賃借料＋金融費用
＋租税公課＋減価償却費

もっとも、実際の付加価値額の計算方法は多様で、前述した売上高から外部購入費用を差し引く形で求める「控除法」と、付加価値の要素、たとえば人件費や賃借料、支払利息や経常利益などを加えていく「加算法」があります（これに減価償却費を加えることもあります）。最近では加算法が主流になりつつあり、控除法を採用していた中小企業庁も加算法を用いるようになりました。

加算法の趣旨は、自社が経営をするからいろいろな人に分配できるのだから、それを付加価値と考えようというものです。社員、賃貸人、銀行、会社自身（利益）などに分配する金額を加えていくのです。

それぞれの算式は上の図のとおりです。

1人あたりの付加価値額はいくらか

付加価値を使った比率としては、**「労働生産性」**が代表的です。この比率は次の算式で計算されます。

労働生産性＝付加価値÷従業員数

つまり、従業員1人あたりの付加価値額ということになり、この金額は大きいほうがよいとされます。中小企業の製造業の平均は年間550万円程度、大企業では1300万円程度となっています（財務省　法人企業統計調査年報）。

付加価値を使った指標で次に話題になることが多いのが**「労働分配率」**です。労働分配率は、付加価値に占める人件費の割合です。

労働分配率＝人件費÷付加価値

この比率は、人件費負担の大きさを見るのによい比率です。ただ業種によってかなりの差がありますので、同じ業種の中で比較するべきでしょう。

また、設備投資の大きな大企業では労働分配率はおよそ50％ですが、中小企業では70％近くにも達しています。中小企業の労働集約的な傾向が表れています。

労働生産性と労働分配率

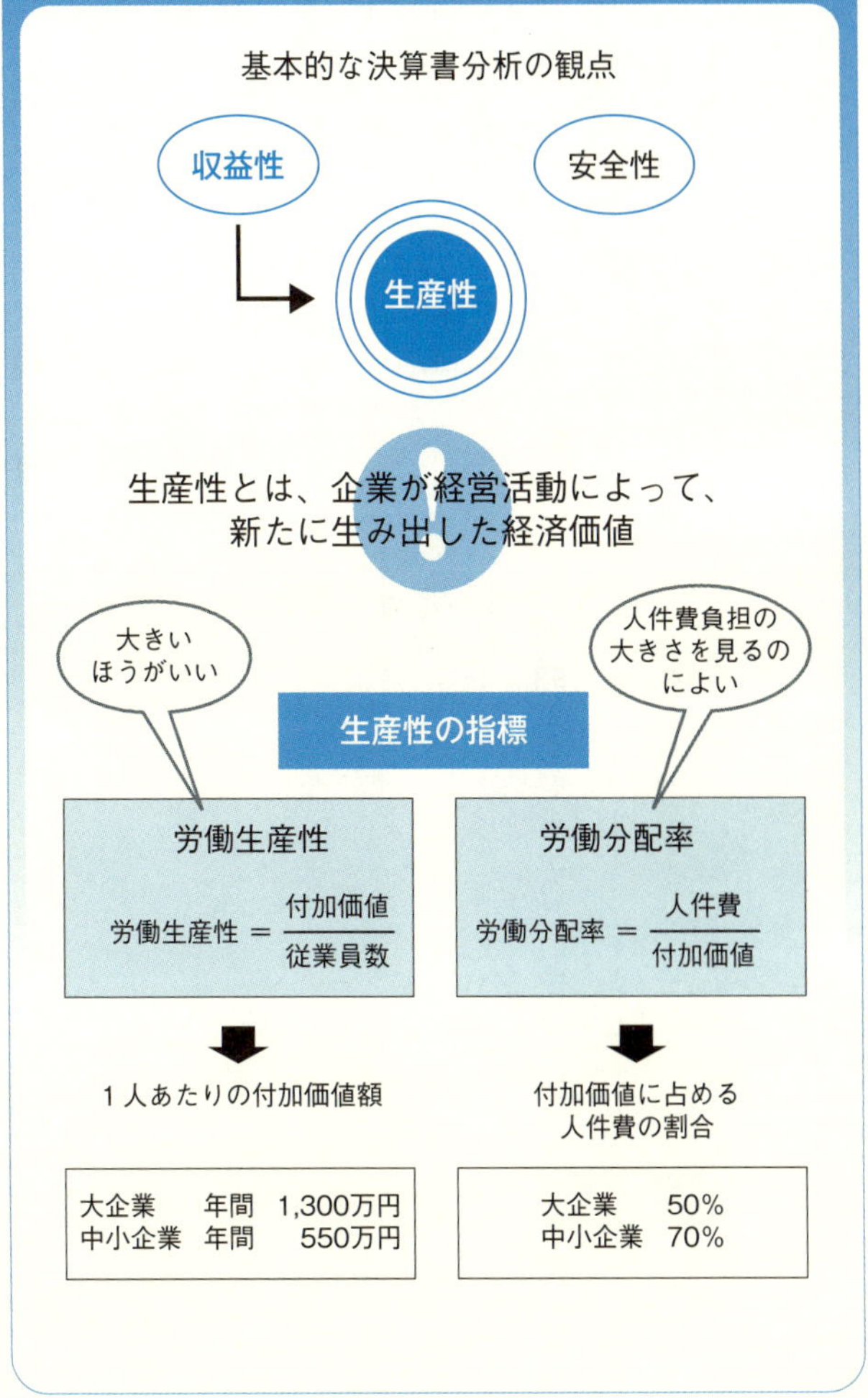

基本的な決算書分析の観点
収益性
安全性
生産性
生産性とは、企業が経営活動によって、
新たに生み出した経済価値
大きい
ほうがいい
人件費負担の
大きさを見るの
によい
生産性の指標
労働生産性
労働生産性 ＝ 付加価値 / 従業員数
労働分配率
労働分配率 ＝ 人件費 / 付加価値
1人あたりの付加価値額
付加価値に占める
人件費の割合
大企業　年間　1,300万円
中小企業　年間　550万円
大企業　50%
中小企業　70%

35 「労働生産性」を分解する
人件費は上げるべき？　下げるべき？数字が示すその答え

●販売効率を高めるためには「設備」も重要

P.72参照

資本利益率は、売上高利益率と資本回転率に分解できました。

同じように労働生産性も、売上高を媒介として、**「従業員1人あたり売上高」**（販売効率）と**「付加価値率」**の2つに分解できます。

左ページの式1を見てください。**生産性を向上させるには、販売効率を高めるか、付加価値率を高めていくことになります。**もちろん両方を目指せばよいのですが、まず、販売効率（従業員1人あたり売上高）を高めるためにはどうしたらよいでしょうか。

一人ひとりが頑張って売上を上げること、と言ってしまえばそのとおりなのですが、設備を導入して販売効率を高めることもできるはずです。

その関係を1つの算式に表すと、式2のようになります。

労働生産性を分解してみる

式1

$$\frac{\text{付加価値}}{\text{従業員数}} = \frac{\text{売上高}}{\text{従業員数}} \times \frac{\text{付加価値}}{\text{売上高}}$$

（労働生産性）　（販売効率）　（付加価値率）

生産性の向上には、販売効率を高めるか、付加価値率を高めればいい

販売効率を高めるためには

式2

$$\frac{\text{売上高}}{\text{従業員数}} = \frac{\text{有形固定資産}}{\text{従業員数}} \times \frac{\text{売上高}}{\text{有形固定資産}}$$

販売効率　労働装備率　有形固定資産回転率

1人あたりの有形固定資産（労働装備率）を高め、その設備が有効に活用されれば販売効率が高まる

PART4

この算式は、１人あたりの有形固定資産（労働装備率と呼びます）を高め、その設備が有効に活用されれば販売効率が高まることを意味しています。

●賃金水準が高い会社は、労働分配率が低い？

ここで、前項で述べた労働分配率にもう一度登場してもらいましょう。

どこの会社でも、人件費を抑制したい経営側と賃金アップを目指したい従業員側の対立はあるものです。

労働分配率を低減しようとする時には、１人あたりの賃金（賃金水準）を低くすればよいことはすぐに思いつきます。

重要！

しかし、私の経験からすると、**賃金水準の低い会社は意外と労働分配率が高く、逆に賃金水準の高い会社は労働分配率が低い傾向にあります。**

それはどうしてでしょうか。

次の式３の算式を見てください。

この算式は、賃金水準が高くても、それ以上に労働生産性が高ければ、労働分配率は低

労働分配率と賃金水準

式3

$$\frac{\text{人件費}}{\text{付加価値}} = \frac{\text{人件費}}{\text{従業員数}} \div \frac{\text{付加価値}}{\text{従業員数}}$$

労働分配率	賃金水準	労働生産性

賃金水準が高くても、それ以上に労働生産性が高ければ、労働分配率は低く抑えられる

会社も社員も幸せになるには、労働生産性の向上が必要

く抑えられることを示しています。

賃金が高くなるほど労働生産性は高くなる、などと言うつもりはありませんが、会社にも社員にも幸せをもたらすためには、労働生産性の向上が必要なことは確かなようです。

赤字会社をトントンに持っていくには？「変動費と固定費」を把握する

●変動費と固定費の性格を知る

ここで少し「比率」から離れて、金額をベースとした経営問題を考えてみましょう。

ここに赤字の会社があります。この会社はもう少し売上を増やせば収支トントンになるはずです。この時、赤字の企業が、いくら売ったら利益がゼロ、つまり収支トントンになるかという売上高のことを**「損益分岐点売上高」**といいます。

では、この損益分岐点売上高を計算するにはどうしたらよいでしょうか。

損益分岐点売上高を考える時に、避けて通れないのが費用分解です。つまり総費用（売上原価、営業経費、営業外費用）を**変動費**と**固定費**に分解する必要があるのです。

変動費とは、売上高に比例して増える費用のことをいいます。

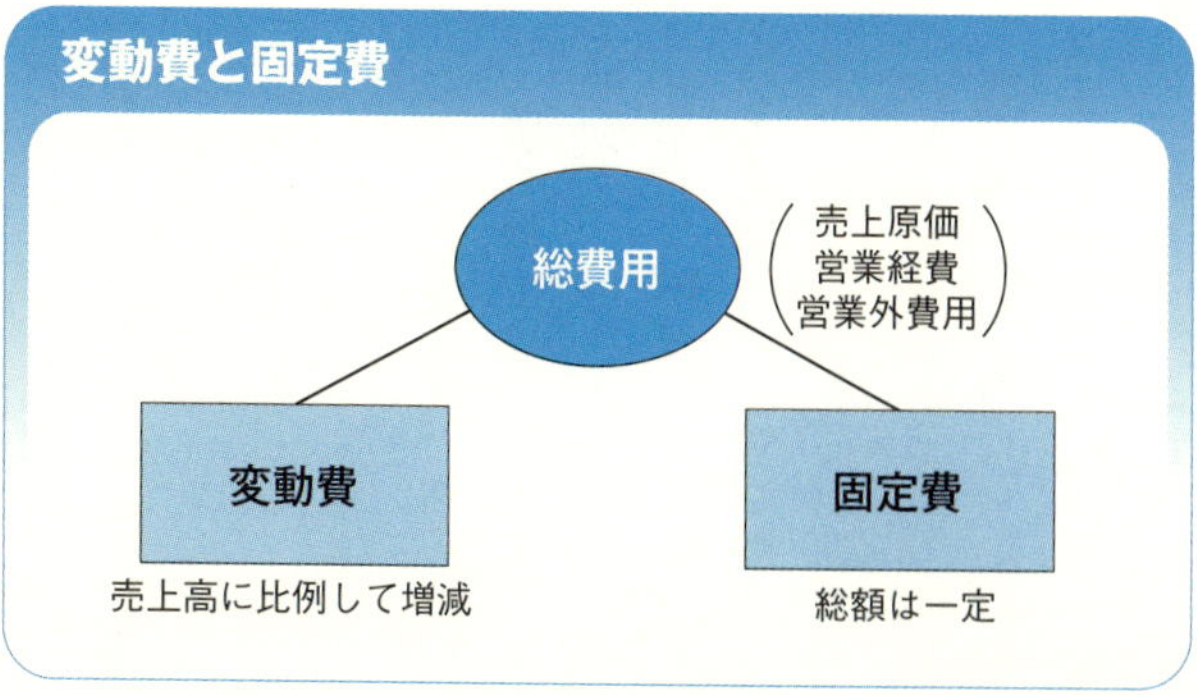

たとえば、小売業の売上原価、製造業の材料費などを思い浮かべてください。これらは、売上高が増大すると比例的に増えていく費用です。こうした費用を変動費というのです。

これに対し固定費は、売上高が増大しても増えない費用です。水道光熱費や減価償却費などがその代表で、給料などの人件費も、売上歩合制にでもなっていない限り固定費です。その他の多くの経費も固定費である場合が多いようです。

●経営者は苦しくなると、「人件費の変動費化」を考える

変動費は売上の増減に比例する費用ですから、製品1個あたりのコストが一定の費用と言うことができます。売上がいくら増加しても、1個あたりは変化しないのです。

これに対し、固定費は売上がどうなろうとも総額が一定の費用ですから、売上が増えれば製品1個あたりのコストは低減することになります。たとえば、ある製品を10個のみ販売（生産）した場合と比べ、倍の20個販売した場合には1個あたり固定費は半減することになります。

こうした変動費と固定費の性格は、経営の意思決定にも大きな影響を与えます。たとえば、人件費です。非常に好況であれば、一定額の固定人件費を投入しても、十分にコストを吸収し、売上が一定のレベル以上になれば大きく収益に貢献します。

しかし、**不況の中にあっては固定費の負担は大きく、できれば人件費も変動費化したいという方向へと経営は動きます**。特に、日本のように大胆な人員削減ができないような環境下では、人件費の変動費化を狙い、需要に応じて人員を調整しやすい人材派遣に頼ったり、パート主体の人員構成になったりします。

変動費と固定費についての具体的な分類については、中小企業庁方式の例を掲げておきますので、確認してみてください。

変動費と固定費（中小企業庁方式）

製造業	
変動費	直接材料費、買入れ部品費、間接材料費、その他直接経費、重油等燃料費、当期製品仕入原価、期首製品棚卸高—期末製品棚卸高、酒税
固定費	直接労務費、間接労務費、福利厚生費、減価償却費、賃借料、保険料、修繕費、水道光熱費、旅費・交通費、その他製造経費、販売員給料手当、通信費、支払運賃、荷造費、消耗品費、広告宣伝費、交際・接待費、その他販売費、役員給料手当、事務員・販売員給料手当、支払利息・割引料、従業員教育費、租税公課、研究開発費、その他管理費

販売業（卸・小売業）	
変動費	売上原価、支払運賃、支払荷造費、荷造材料費、支払保管料、車両燃料費（卸売業の場合50%）、車両修理費（卸売業の場合50%）、保険料（卸売業の場合50%）
固定費	販売員給料手当、車両燃料費（卸売業の場合50%）、車両修理費（卸売業の場合50%）、販売員旅費・交通費、通信費、広告宣伝費、その他販売費、役員（店主）給料手当、事務員給料手当、福利厚生費、減価償却費、交際・接待費、土地建物賃借料、保険料（卸売業の場合50%）、修繕費、光熱水道料、支払利息・割引料、租税公課、従業員教育費、その他管理費

小売業の車両燃料費、車両修理費、保険料はすべて固定費

PART4

37 損益分岐点比率と経営安全率

「利益ゼロ」になる売上を知っておけば、今後の打ち手が見えてくる

●売上が100増えたら、利益が100増えるとはいえない

簡単な例で、損益分岐点売上高を考えてみましょう。

売上高が1000、変動費が800、固定費が300で、純利益が△100の会社があるとします。

売上高	1,000
変動費	800
固定費	300
純利益	△100

さて、この会社の損益分岐点売上高はいくらになるでしょうか。

純利益がマイナスだから、不足の100を売上高に加えればよい、というのでしたら、何の解説もいらないのですが、そうはいきません。

売上高が増えれば、変動費も増えるからです。売上高が1割増えて1100となれば、変動費も1割増えて880に。それではまだ

利益はマイナスです。

損益分岐点の基本公式は以下です。


損益分岐点売上高＝固定費÷（1－変動費÷売上高）

問題の数字をこの公式に当てはめてみると、答えは1500です。これが正しいかどうか、検算をしてみます。

売上高1500の時、変動費は1200、固定費300ですから、確かに利益はゼロ。これで損益分岐点売上高が求められたことになります。

黒字企業も把握しておきたい「経営安全率」とは？

ところで、損益分岐点売上高は「利益がゼロ」になるという売上高のことですから、黒字企業には意味のない数字のように思われます。

しかし、実際の売上高と損益分岐点売上高との位置関係などを見ることによって、価値が生ずるのです。

現状の売上高が、損益分岐点売上高を大幅に上回っていれば、多少売上が落ち込んだところで赤字になることはないでしょうから、収益面で安定度の高い企業といえます。

PART4

現状の売上高に対し、損益分岐点売上高がどのくらいの位置にあるかを、**「損益分岐点比率」**（あるいは**損益分岐点の高さ**）といいます。

たとえば、損益分岐点売上高が８００、実際の売上高が１０００という時、損益分岐点比率は80％です。

言い換えれば、売上が20％落ち込んでも赤字は生じないわけで、ここでの20％のことを**経営安全率**と呼んでいます。

この２つの算式を示しておきます。

損益分岐点比率＝損益分岐点売上高÷実際の売上高

また、

経営安全率＝１００％－損益分岐点比率

実際の企業の経営安全率は、20％程度あれば「まずまず」というのが日本企業の現状のようです。

実際の**売上高に比べて**、**損益分岐点比率は低ければ低いほどよく**、**逆に**、**経営安全率は高いほうがよい**ことになります。

損益分岐点売上高の求め方

売上が100増えたら、利益が100増えるとはいえない

売上高	1,000
変動費	800
固定費	300
純利益	△100

➡ 売上高が10%増加すると

売上高	1,100
変動費	880
固定費	300
純利益	△80

まだ利益はマイナス……

損益分岐点を求めるには……

$$\textbf{損益分岐点売上高} = \frac{固定費}{1 - \dfrac{変動費}{売上高}}$$

上記の例の数字を当てはめてみると

$$\frac{300}{1 - \dfrac{800}{1,000}} = 1,500$$

損益分岐点売上高は1,500

実際に計算してみると

売上高	1,000
変動費	800
固定費	300
純利益	△100

➡ 売上高が1,500になると

売上高	1,500
変動費	1,200
固定費	300
純利益	0

ちょうどゼロに！

PART4

38 損益分岐点公式を応用する

「利益目標を達成するために必要な売上」はどのように計算する？

●「利益目標」から売上目標を算出する

計数の管理は、過去の結果をまとめ、評価することに目的の1つがありますが、それ以外に計画面での重要性もあることを忘れてはなりません。

計画を考える時に、最初から売上目標に焦点を当て、「売上は前年の何％増し」とする目標の立て方もあります。しかし、企業の目的は多くの利益を獲得することですから、まず**利益目標を決め、それを達成する売上目標を決めるほうが優れている**といえるでしょう。

一定の利益目標を達成するために、いくらの売上を上げたらよいか。その計算をする時にも、この損益分岐点公式を応用して使うことができます。

その期に目標とする利益を達成できる売上高のことを「**目標利益達成点売上高**」といい

利益目標を達成するために

式

$$\text{目標利益達成点売上高} = \frac{\text{固定費}+\text{目標利益}}{1-\dfrac{\text{変動費}}{\text{売上高}}}$$

利益目標を達成するにはいくらの
売上を上げたらよいかを知るには、
目標利益達成点売上高を求める

ます。この目標利益達成点売上高を求める算式は上記のようになります。

この算式は、先に学習した損益分岐点売上高の公式とよく似ています。損益分岐点の公式では、分子が固定費だけでしたが、今度は分子に目標利益が加わっているだけです。

逆に言えば、今回ご紹介した目標利益達成点の算式のほうが一般的で、この算式で目標利益をゼロとしたのが損益分岐点の公式ということになります。

●売上高が伸びると固定費にも影響が

では、ここでも簡単な実例で計算してみましょう。

前項で取り上げた会社の現状は、売上高が1

000、変動費800、固定費300でしたから，純利益がマイナス100ということになります。

先ほどはそこから損益分岐点売上高、つまり利益ゼロになる売上高1500を求めたのですが、今回は一気に利益100を目指したいと思います。この時に必要な売上高はいくらになるでしょうか。

計算自体はシンプルです。

答えは2000。つまり、現状の2倍を売れば、目標は達成されることになります。

ただ、計算上はこれでよいのですが、売上が2倍ともなると、固定費が現状のままですむかという問題が生じます。

売上高が2倍になれば、現状の設備や人員では間に合わなくなるでしょうから、固定費の増大を招く投資や人の採用が必要になる可能性は高いでしょう。

以上のように、損益分岐点、およびその応用公式は有益なのですが、現状の設備など（固定費）が前提となっていますから、一定の範囲にのみ当てはまる公式と考えたほうがよいでしょう。

目標利益達成点売上高を求める

現状

売上高	1,000
変動費	800
固定費	300
純利益	△100

↓

目標利益100を目指すには？

↓

実際の計算

$$\textbf{目標利益達成点売上高} = \frac{300 + 100}{1 - \frac{800}{1,000}} = 2,000$$

現状の2倍売れば、目標は達成される！

ただし、実際には売上が大きく増加すると、
固定費も増大する可能性があるので注意

PART4　章末理解度チェック「○×クイズ」

以下はホント？ウソ？

Q32 もしも総資本対当期純利益率が悪いということであれば、売上高対当期純利益率か総資本回転率か、どちらかを改善する必要がある

——もちろん両方を改善するに越したことはないが……（答え○）

Q33 経営改善をはかろうとする時、営業以外の部署でも、できるだけ目標を数値化して計画することが望ましい

——目標が数値化されていれば、評価・反省はしやすい（答え○）

Q34 付加価値の計算方式として加算法と控除法とがあるが、いずれの場合でも材料仕入金額が付加価値になることはない

——材料仕入や外注費は完全に付加価値から外される（答え○）

Q35 賃金水準が高い会社は労働分配率が高くなる傾向にあり、算式の持つ意味からしてもやむを得ないことである

――賃金水準が高くても、それ以上に労働生産性が高ければよい（答え×）

Q36
工場の稼働率が上昇し、製品の製造個数が増加すると、製品1個あたりの固定費は減少することになる

――固定費は総額で一定だが、1個あたりは製造の状況で変動する（答え○）

Q37
売上高800、変動費600、固定費160の企業の損益分岐点売上高は、現在の売上の800よりも小さくなる

――現在は利益が出ているのだから、損益分岐点売上高は現在の売上より低い。640が計算結果（答え○）

Q38
売上高1000、変動費600、固定費300、純利益100の企業で、目標利益を140とした時の必要売上高は1040である

――現在の利益が100だからといって40足したのでは不可。1100が正解（答え×）

PART4

PART5

実例を使って分析してみよう

——あの会社の強さの秘密とは?

39 不動産業界の両雄を斬る

三井不動産と住友不動産を比較してみると

●不動産業界のビッグスリーといえば……

日本の不動産業界というと、三井不動産、三菱地所、住友不動産がビッグスリーとして挙げられます。今回はこのうち三井不動産と住友不動産の両社を題材に、実際の決算書を分析していきましょう。今まで勉強してきた決算書分析を体系的にまとめていこうという趣向です。

三井不動産と住友不動産というと、銀行（三井住友銀行）が一緒になっていますので、将来は合併するのではないかという見方もあるようですが、今のところ、それぞれに独立した経営を営んでいます。

三井不動産は、商業施設ららぽーと、東京ミッドタウンなどの開発を手がけ、最近では巨大な日本橋再生計画などを実施しています。

一方で住友不動産は、5年連続で分譲マンションNO.1の実績を誇るほか、都心部のオフィスビル賃貸などの分野でも、勢いのある会社です。

この両社の属する不動産業界は、意外と手堅く（「意外」は失礼でしょうか）、ここ数年、安定的な業績を上げています。しかし、リーマンショックなど経済環境の激変があれば、倒産する企業が多く出る業界でもあります。

●比率分析の前に確認しておきたいこと

さて、これから三井不動産と住友不動産の比較をしていくわけですが、銀行が一緒なので、三井か住友か、どちらがどちらだかわからなくなります。そこで、私たちは規模の小さな住友不動産の社員の立場で数字を見ていきましょう。業界最大手の三井不動産と比較しながら私たちの会社（住友不動産）を分析していくのです（念のためのお断りですが、私は三井不動産に敵意はありません。混同を避ける意味での手法です）。

そこで、この章の呼称としては、住友不動産の社員という前提なので「住友」と呼び捨て、業界最大手の三井不動産のほうはそのまま「三井不動産《さん》」と、さんづけ（？）していくことにしましょう。

決算書の分析をする時には、すぐに比率分析に入りがちですが、その前に会社の規模を確認しておきます。

まず、貸借対照表の総資本（総資産）を見ると、三井不動産が6兆8000億円、住友が5兆1000億円と、3割ほど三井不動産のほうが多くなっています。

さらに売上規模では、三井不動産が1兆9000億円弱なのに対し、私たちの住友は初めて1兆円に手が届いたところです。資産規模以上に売上規模は三井不動産が大きいのです。また社員数（連結）では、三井不動産が約1万9000人に対し、住友は約1万3000人です。

ただ、ここ数年の売上の増加率（成長性）については、三井不動産よりも住友のほうが高く、まだまだ差が大きい状況ですが、追い上げていることには期待が持てます。

まずは両社の決算書（要約版）をざっと眺めることにしましょう。

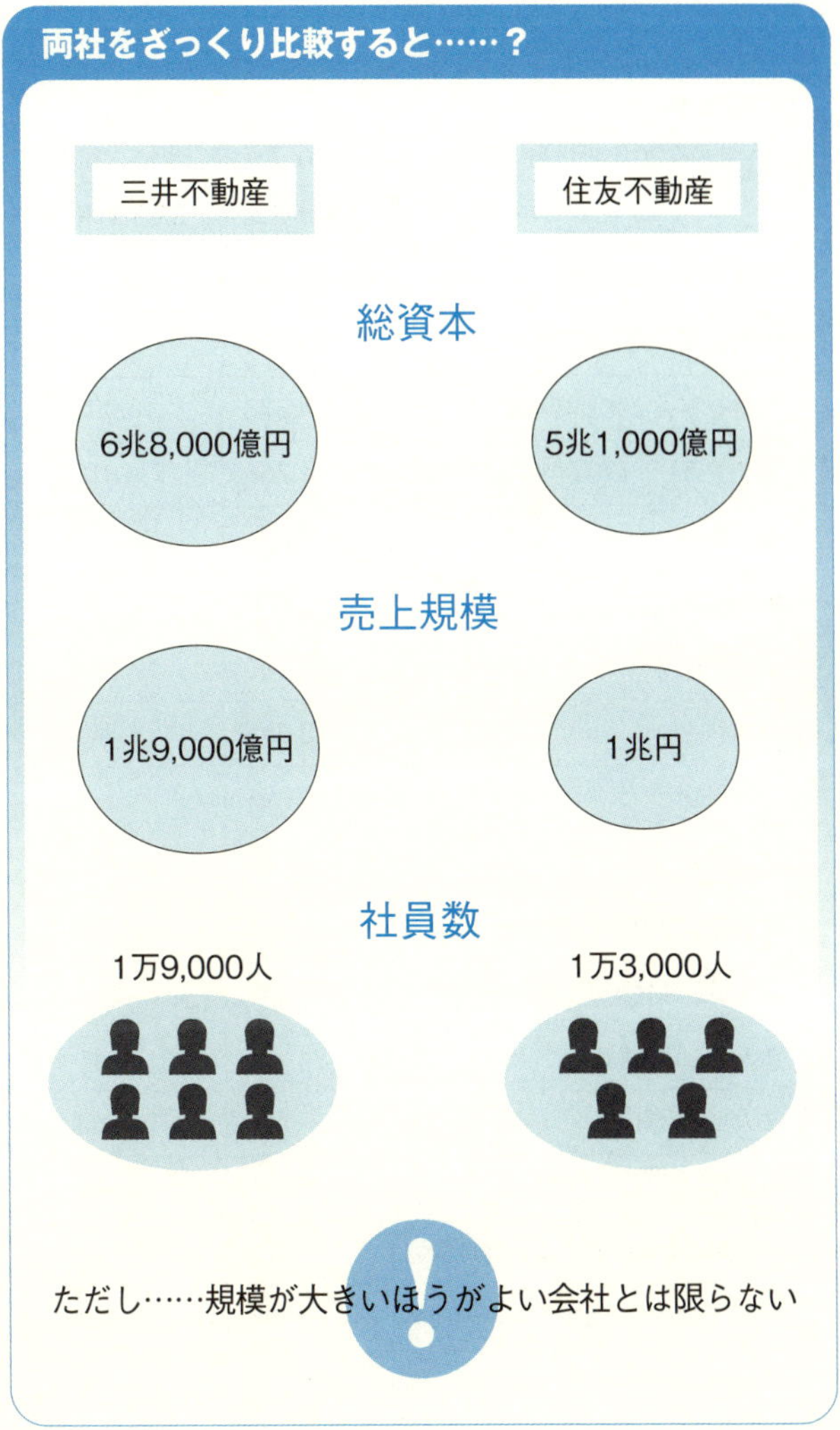
両社をざっくり比較すると……？
三井不動産
住友不動産
総資本
6兆8,000億円
5兆1,000億円
売上規模
1兆9,000億円
1兆円
社員数
1万9,000人
1万3,000人
ただし……規模が大きいほうがよい会社とは限らない

三井不動産と住友不動産・損益計算書の比較

損益計算書

自平成30年4月1日　至平成31年3月31日　（単位　億円）

	三井不動産	住友不動産
営業収益（売上高）	18,612	10,132
営業原価（売上原価）	14,234	7,111
営業総利益（売上総利益）	4,378	3,022
販売費及び一般管理費	1,756	818
営業利益	2,621	2,204
営業外収益	285	107
営業外費用	366	269
経常利益	2,541	2,043
特別利益	15	1
特別損失	135	148
税金等調整前当期純利益	2,420	1,896
法人税、住民税及び事業税	695	628
法人税等調整額	24	△ 41
法人税等合計	719	588
当期純利益	1,701	1,308
非支配株主に帰属する当期純利益	15	
親会社株主に帰属する当期純利益	1,687	1,308

三井不動産と住友不動産・貸借対照表の比較

貸　借　対　照　表

平成31年3月31日　　（単位　億円）

	三井不動産	住友不動産		三井不動産	住友不動産
流動資産	**21,172**	**9,330**	**流動負債**	**11,094**	**5,774**
現金及び預金	1,743	1,722	支払手形及び買掛金	1,269	549
受取手形及び売掛金	453	216	短期借入金等	4,531	2,975
販売用不動産等	16,350	6,799	その他の流動負債	5,293	2,250
その他流動資産	2,626	593	**固定負債**	**32,726**	**33,420**
			社債	5,930	3,071
			長期借入金	18,605	27,381
			その他の固定負債	8,189	2,968
固定資産	**46,855**	**41,945**	**負債合計**	**43,819**	**39,193**
有形固定資産	(34,303)	(35,310)	**純資産**		
建物	10,754	8,590	株主資本	(16,841)	(11,053)
土地	21,000	25,239	資本金	3,398	1,228
その他	2,549	1,481	資本剰余金	4,033	1,042
無形固定資産	(702)	(568)	利益剰余金	9,622	8,828
借地権他	702	568	自己株式	△211	△45
投資その他の資産	(11,850)	(6,067)	その他包括利益	(6,584)	(1,028)
投資有価証券	8,727	4,790	新株予約権	(13)	
敷金及び保証金	1,406	703	非支配株主持分	(770)	
その他	1,717	574	**純資産合計**	**24,208**	**12,081**
資産合計	**68,027**	**51,275**	**負債純資産合計**	**68,027**	**51,275**

40 総資本対当期純利益率から出発

住友不動産が大きく上回っている数字とは？

●最初は大きな分析比率から出発

会社を分析する時には、前項で行ったように、必ず会社の規模を確認したうえで、比率分析に入っていきたいものです。

比率分析で最初に見ておきたいのは「資本利益率」ですが、ここでは資本に総資本、利益に当期純利益を使って、**総資本対当期純利益率（ROA＝Return On Assets）**からスタートします（他に、特別損益等を無視して、総資本対経常利益からスタートすることもあります）。

当期純利益÷総資本で計算すると、三井不動産が2・5％であるのに対し、住友は2・6％と拮抗《きっこう》しています。経常利益率などと比べると、当期純利益率は税金を差し引いた後ですから低くはなるのですが、両社の比率は他業界と比べ高いとはいえないようです。

では、この両社ともに総資本対当期純利益率が一般レベルよりも低い理由を考える時、次にどんな比率へと展開したらよいのでしょうか。

投資利益率（利益÷資本）は2つの分数に分解できました。1つが売上高利益率で、もう1つが資本回転率でした。ここでは総資本対当期純利益率からスタートしていますから、分解式は、「売上高対当期純利益率」と「総資本回転率」です。

P.74参照

それでは、両社の売上高対当期純利益率及び総資本回転率を計算してみましょう。

●売上高利益率の大きな差の原因

売上高対当期純利益率では、業界最大手の三井不動産が9・1%であるのに対し、住友は12・9%と非常に高い数字です。三井不動産の数字も悪くはないどころか、非常に優良な数値です。それにもかかわらず、住友の比率がさらに上回っているのです。

住友は利益を非常に重視している会社といわれます。販売においても、顧客に自社物件のよさを十分にわかってもらい、成約に結びつける経営姿勢がこの結果を生んでいるようです。一般的に不動産の業界では、売れ残ったりすると大変なので、値引き販売が起こりやすいと言われます。その点、住友の高い利益率は立派なものです。

住友の利益率が高い原因として他に挙げられることが、収入の中で賃貸による収入が多いこともあります。賃貸は物件を所有しなければいけないデメリットはありますが、利益率が高いので、会社全体の利益率が高くなるのです。

●資本回転率は不動産会社のアキレス腱

一方の資本回転率はどうなのでしょう。

ちょっと考えればわかるように、不動産の業界は、販売用の不動産（棚卸資産として流動資産に計上されます）にしろ、賃貸用不動産（固定資産）にしろ、非常に多くの投資が必要になります。

この総資本回転率ですが、一般的な業種の大会社では1回転を下回っています。昔は多くの会社が、年間売上＞総資本という関係にあったのですが、今はこの関係が逆転しました。といっても、1回転を少し下回る0・8から0・9回転程度です。

さて、この両社はどうでしょうか。

三井不動産は0・27回転と一般的水準からすると相当低くなっています。しかし、住友はさらに低く0・20回転です。この点では、住友は売上高のわりにものすごく多くの資本

ROAから分析をスタート

比率名	公式	三井不動産		住友不動産	
総資本対当期純利益率（ROA）	当期純利益 / 総資本	1,701 / 68,027	2.5%	1,308 / 51,275	2.6%
売上高対当期純利益率	当期純利益 / 売上高	1,701 / 18,612	9.1%	1,308 / 10,132	12.9%
総資本回転率	売上高 / 総資本	18,612 / 68,027	0.27回転	10,132 / 51,275	0.20回転

「賃貸用不動産」に強みを持つ住友不動産の特徴が、
決算書からも読み解ける

を投下していることになります。賃貸用不動産を多く所有していることなどが、その原因なのでしょう。

この両社の総資本利益率はほぼ同じですが、売上高利益率では住友が、資本回転率では三井不動産が上回っています。

41 利益率と回転率の掘り下げ

どの段階での利益率や回転率に問題があったのか？

P.26参照
P.56参照

●売上高と各種利益との関係

損益計算書には5つの利益*がありました。売上総利益、営業利益、経常利益、税引前当期純利益、当期純利益の5つです。

三井不動産の売上高対当期純利益率は悪くないとはいいえ、住友はその数値を上回っていました。どの利益の段階で差をつけたのでしょうか。

こうした分析をする時は、百分率損益計算書*を作ることが効果的であることは前述しました。早速、売上高を100とした損益計算書を作ってみましょう。

ここでは、各利益の比較のみを掲載しましたが、売上総利益率で大きな差が出ています。三井不動産の数字のほうが低いのです。もちろん、売上総利益率が低いのは絶対ダメだという評価にはなりません。しかし、高いに越したことはありません。

さらに、営業利益率でももっと差が出ているということは、販売費および一般管理費（営業経費）の使い方でも、三井不動産より住友のほうが上回っていることになります。こうした差が最後の売上高対当期純利益率にまで影響を与えることになっているわけです。

●回転率の差はどこから生まれるか

もう一方の総資本回転率では、両社とも低い比率ながら、こちらは三井不動産のほうが高かったわけです。それは何が原因でしょうか。住友はどの比率が、三井不動産より低いから、そうした結果になっているのでしょうか。

各種利益率を比較すると…

	三井不動産		住友不動産	
	億円	%	億円	%
営業収益（売上高）	18,612	100.0	10,132	100.0
営業総利益（売上総利益）	4,378	23.5	3,022	29.8
営業利益	2,621	14.1	2,204	21.8
経常利益	2,541	13.7	2,043	20.2
税金等調整前当期純利益	2,420	13.0	1,896	18.7
当期純利益	1,701	9.1	1,308	12.9

営業利益率での差が大きい

PART5

P.86参照

総資本回転率の悪い原因を追究するには、通常*3つの回転率が使われます。

①　受取勘定回転率（売上高÷売上債権）　②　棚卸資産回転率（売上高÷棚卸資産）
③　固定資産回転率（売上高÷固定資産）

その3つの比率を計算したものが次ページの表です。受取勘定回転率の分母は売上債権（受取手形や売掛金）です。不動産業界の場合、不動産売買であれば、販売時に代金決済されてしまうのが普通ですから、あまり問題にはなりません。一般的な業種では年間5～6回転程度ですが、この両社の数字は非常に高くなっています。

それに対し、この両社の棚卸資産回転率、固定資産回転率は非常に低くなっています。

まず棚卸資産回転率を見てみましょう。一般的には年間8～10回転くらいが標準とされています。この業界の流動資産の多くの部分は販売用不動産で、土地や建物を指しますが、これらは商品ですから、棚卸資産として流動資産の部に計上されるわけです。

両社の棚卸資産回転率を見ると、少しだけ住友のほうが高いのですが、両社とも1回転を少し上回っている程度です。一般的な会社の総資本回転率が1回転を少し下回る程度ですから、それとあまり変わらない状況です。非常に大雑把な言い方かもしれませんが、ほぼ年間売上と同じくらいの棚卸資産を保有していることになります。

一方の固定資産回転率は三井不動産が上回っています。住友の回転率は三井不動産と比べてかなり低くなっています。大体において三井不動産の売上高は住友の2倍近くあるのですが、固定資産ではそれほどの差はありません。その結果、住友の固定資産回転率のほうが低くなるわけです。

両社の比較の上では、住友の固定資産はかなり多いということになります。建物や土地などに対する投資がどのくらい多いか、貸借対照表で確認してみてください。会社規模のわりに積極投資をしている姿がうかがえると思います。

回転率を比較する

比率名	算式	三井不動産		住友不動産	
受取勘定回転率	売上高 / 受取手形＋売掛金	18,612 / 453	41.1回転	10,132 / 216	46.9回転
棚卸資産回転率	売上高 / 棚卸資産	18,612 / 16,350	1.1回転	10,132 / 6,799	1.5回転
固定資産回転率	売上高 / 固定資産	18,612 / 46,855	0.4回転	10,132 / 41,945	0.2回転

回転率からは、
住友不動産の「攻めの姿勢」が感じ取れる

PART5

42 安全性の判断はどうか？

貸借対照表の分析からわかる両社の違いと戦略

●貸借対照表の科目同士で判断する

総資本対当期純利益率から始まった両社の比較が、売上高利益率と資本回転率に分解され、さらに各種利益と売上高の関係、そして各回転率の分析へと進んできました。

今までの分析はいずれも売上や利益などの損益計算書の項目が絡んでいます。逆にいえば、貸借対照表の項目同士の比率がないのです。そこで、今度は企業の安全性を示す貸借対照表同士の比率を見ていきます。

取り上げるのは3つの比率です。

流動比率＝流動資産÷流動負債

固定比率＝固定資産÷自己資本

自己資本比率＝自己資本÷総資本

（自己資本＝純資産−非支配株主持分−新株予約権）

●流動比率は200％超なら最優秀といわれるが……

P.104参照

ここで取り上げる3つの比率のうち、流動比率*は200％超なら非常によい会社といわれます。両社が属する不動産の業界は、平均的に高くなっています。その原因は先に検討した棚卸資産（販売用不動産）が多いことが主因です。

両社の比較では、流動比率は三井不動産に負けているようです。でも、住友の160％の数値は一般的な企業の中では良好な数字です。

P.108参照

次に固定比率*ですが、三井不動産が200％に対して、こちら（住友）は350％ほどです。この比率は住友圧勝……と、そんなふうに考えたら大間違いです。固定比率は低いほうがよいのです。固定資産（分子）を購入するのに、自己資本（分母）の範囲で購入できたら企業は非常に健全です。したがって低いほうがよいことになるのです。

固定比率は一般的には140％程度で、固定資産を多く必要とする不動産業界では平均でも200％を超えています。

●自己資本比率が低い原因は？

固定比率で住友が三井不動産よりも高い（悪い）原因は、分子の固定資産が多いか、分母の自己資本が少ないかです。

先に見た固定資産回転率では、住友の数字は三井不動産より非常に低かったことから、経営規模のわりに固定資産が多めであることは確かです。

では、分母の自己資本はどうなのでしょうか。これについては総資本のうち自己資本はどのくらいあるか、自己資本比率*で判断します。一般的には35〜40％程度が普通とされています。

P.114参照

この比率を見ると、三井不動産のほうがかなり上のようです。三井不動産の34・4％という数字は、固定資産が大きな業界（したがって、借入が多くなりがちな業界）としては立派なものです。

この点では住友の23・6％は褒めることはできません。しかし、ここ数年、住友は高い収益性体質の会社に変わりつつあり、徐々に自己資本比率も高まっていくものと思います。

それにしても、両社の自己資本比率の差はどこから生まれてくるのでしょうか。
前にも触れましたように、自己資本の大きさは利益剰余金（毎年の利益の累計から配当などを差し引いた、利益の内部留保金額）で決まってくる場合がほとんどです。しかし、この両社の場合には資本金（それに近い性格の資本剰余金も含む）による差が大きく、利益剰余金は会社規模に見合って、大きな差はないようです。少し珍しいケースかもしれません。

詳しくは
P.116参照

●住友不動産の稼ぎ頭は？

さて、日本を代表する不動産会社を題材に比較させてもらいましたが、両社ともに

安全性の分析は？

比率名	算式	三井不動産		住友不動産	
流動比率	流動資産 / 流動負債	21,172 / 11,094	190.8 %	9,330 / 5,774	161.6 %
固定比率	固定資産 / 自己資本	46,855 / 23,425	200.0 %	41,945 / 12,081	347.2 %
自己資本比率	自己資本 / 総資本	23,425 / 68,027	34.4 %	12,081 / 51,275	23.6 %

！ どちらもよい数字だが、三井不動産は特にすごい

PART5

良好な財務内容であることはわかりました。とりわけ、住友不動産は19年3月期まで7期連続の増収、9期連続の営業利益、経常利益の増益ということで、勢いを感じる企業です。

住友不動産の場合、不動産賃貸、不動産販売、完成工事、不動産流通とセグメントを分けているのですが、このうち不動産賃貸の売上が38%を占めています。しかも、そこから生み出している営業利益は会社全体の利益の60%を優に超えているのです。

各会社でセグメントの区分けや内部利益の計算の仕方は異なるかもしれませんが、公表されている資料から両社の不動産賃貸に関する営業利益を比較してみましょう。

住友の賃貸収入は三井不動産の6割程度ですが、営業利益はほぼ同額です。これは三井不動産の利益率が低いわけではありません。住友の数値が飛び抜けて高いのです。住友の賃貸物件へのこだわりのビル造りがもたらした高収益体質なのでしょう。今後、両社がライバル心を燃やしながら、どう成長していくのかが楽しみです。

賃貸部門の収益力

売上と利益の比較

（億円）

	三井不動産	住友不動産
営業収入	6,033	3,818
営業利益	1,419	1,499
利益率	23.5%	39.3%

利益率の差はどこから生まれる？

↓

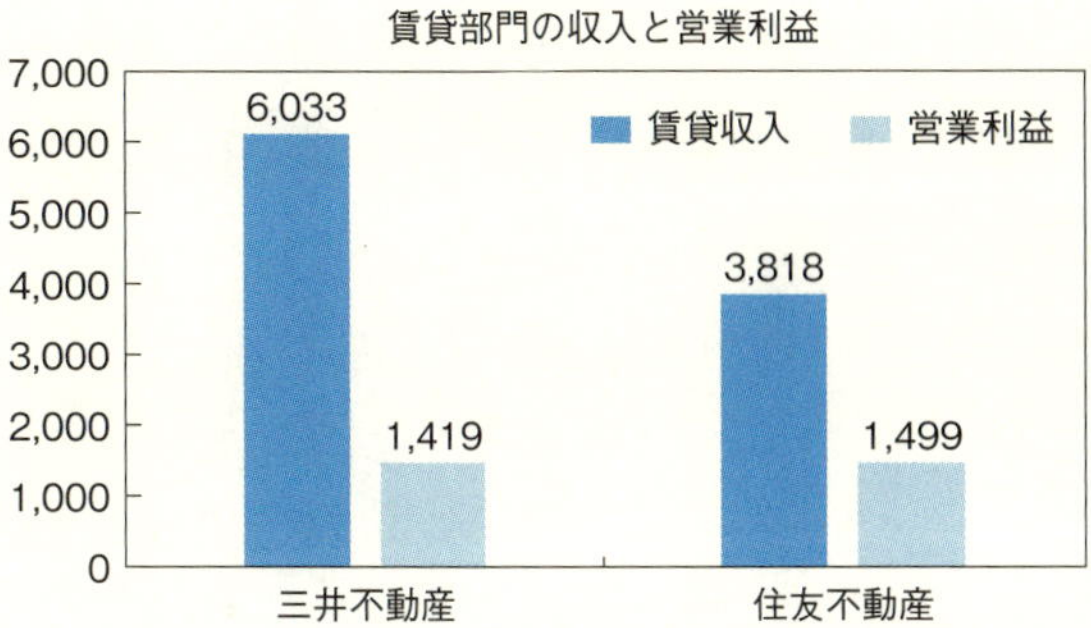

賃貸収入の差は非常に大きいが、
営業利益はほぼ同じ

PART5

おわりに

この本を執筆している時に「事件」は起きました。

どの会社を題材にしようか考えていて、ある会社の財務内容を調べてみたのです。もちろん前々からその企業の名前は知っており、財務内容もよいことはわかっていました。

でも、調べてみたら、自分が思っているよりずっとよい会社だったのです。衝撃的でした。

株価を見たら、比較的低位の状況なのです。私は、株式投資は少しやっているだけなのですが、この時は即座に「買い」に走りました。

おかげさまで、わずか数日で儲けが出ました。といっても、投資額が少ないので、ちょっとした小遣い稼ぎに過ぎませんが、しかし、「決算書の分析をしていてよかった!!」と、この時は思いました。

ですから、この本は私に出版前から投資利益をもたらしてくれたのです（笑）。

もちろん、今回の「事件」はたまたまの幸運であったに過ぎないかもしれませんが、分析をしてみて、この会社への投資は魅力的だ、と感じられたから、何のこだわりもなく投資できたのです。

株に限らず、営業取引をする場合でも、就職をする場合でも、あるいは自分が身を置く会社でも、決算書分析＝経営分析は非常に役に立ちます。

皆さんより一足先に私に利益をもたらしてくれたこの本が、今度は読者である皆様に利益をもたらしてくれることを期待しています。

文末ですが、この本の編集にあたり力を発揮していただいたＰＨＰ研究所中村康教氏、及び私の本を何冊も編集いただき、今回もご尽力いただいた同社吉村健太郎氏には深く感謝申し上げます。

※本書は2006年刊『図解　経営分析』（PHP研究所）を元に、大幅に加筆・訂正したものです。
※本書掲載の決算書の情報は2019年5月時点の情報であり、その後、変更になる可能性があります。
※本書掲載の企業名は、わかりやすさを考慮し、一部、略称を使用しております。

PHP
Business Shinsho

石島 洋一（いしじま・よういち）

1948年神奈川県秦野市出身。一橋大学経済学部卒業。民間企業、東京都商工指導所、会計事務所勤務を経て公認会計士事務所を設立。公認会計士、税理士、中小企業診断士。

現職は息子慎二郎氏の主宰する石島公認会計士事務所会長および㈱産業開発センター（研修受託会社）代表取締役。

中小企業の税務、経理の実務指導の他、「わかりやすく元気の出る決算書セミナー」の講師としての評価も高い。座右の銘は「人生、意気に感ず！」。

著書に、経理の本としては異例の60万部を発行した『決算書がおもしろいほどわかる本』をはじめ、『これならわかる「会社の数字」』『決算書まるわかりレッスン』（以上、ＰＨＰ研究所）など多数。経理本以外に『クロネコヤマト「感動する企業」の秘密』（ＰＨＰ研究所）という著書もある。

e メール :y-ishijima@i-cpa.jp
ホームページ（石島公認会計士事務所）：http://www.i-cpa.jp

PHPビジネス新書 405

ざっくりわかる「決算書」分析

2019年 7 月 2 日　第1版第 1 刷発行

著　　者　石島洋一
発 行 者　後藤淳一
発 行 所　株式会社ＰＨＰ研究所
東京本部　〒135-8137　江東区豊洲5-6-52
第二制作部ビジネス課　☎03-3520-9619（編集）
普及部　☎03-3520-9630（販売）
京都本部　〒601-8411　京都市南区西九条北ノ内町11
PHP INTERFACE　https://www.php.co.jp/
装　　幀　齋藤 稔（株式会社ジーラム）
組　　版　朝日メディアインターナショナル株式会社
印 刷 所　共同印刷株式会社
製 本 所　東京美術紙工協業組合

ISBN978-4-569-84315-5

「ＰＨＰビジネス新書」発刊にあたって

わからないことがあったら「インターネット」で何でも一発で調べられる時代。本という形でビジネスの知識を提供することに何の意味があるのか……その一つの答えとして「**血の通った実務書**」というコンセプトを提案させていただくのが本シリーズです。

経営知識やスキルといった、誰が語っても同じに思えるものでも、ビジネス界の第一線で活躍する人の語る言葉には、独特の迫力があります。そんな、「**現場を知る人が本音で語る**」知識を、ビジネスのあらゆる分野においてご提供していきたいと思っております。

本シリーズのシンボルマークは、理屈よりも実用性を重んじた古代ローマ人のイメージです。彼らが残した知識のように、本書の内容が永きにわたって皆様のビジネスのお役に立ち続けることを願っております。

二〇〇六年四月

ＰＨＰ研究所

PHP文庫

［新会計基準対応版］

決算書がおもしろいほどわかる本

損益計算書、貸借対照表、キャッシュ・フロー計算書から経営分析まで

石島洋一 著

講師経験豊富な著者が、本当に必要なポイントだけをやさしく解説した大ベストセラーが、最新情報を加えて登場！　決算書入門の決定版。

定価　本体五一四円（税別）

PHP研究所の本

数字で話せ

文系人間がAI時代を生き抜くための「伝える技術」

斎藤広達 著

会話に「数字」を盛り込むだけで、説得力は倍になる！「数字が苦手な人」でも今すぐ使いこなせるインプット&アウトプットの手法。

定価 本体一、五〇〇円（税別）

PHP研究所の本

孫社長にたたきこまれた

すごい「数値化」仕事術

三木雄信 著

「数字で語れない者は去れ！」。そんな孫正義社長にたたきこまれた「問題を数値化して解決する技術」をソフトバンク元社長室長が開陳！

定価 本体一、五五〇円（税別）

PHPビジネス新書

[ポケットMBA]財務諸表分析

ゼロからわかる読み方・活かし方

グロービス 著／溝口聖規 執筆

数字は苦手……という人でも、財務諸表が読めるようになる！ 人気ビジネススクールの会計メソッドが手軽に学べるハンディーな一冊。

定価 本体八九〇円（税別）

PHPビジネス新書

「ROEって何?」という人のための経営指標の教科書

小宮一慶 著

ROE、ROA、FCF、EBITDAマージン、EVA……日経新聞等でよく目にする「経営指標」の意味と使い方をわかりやすく解説!

定価 本体八七〇円(税別)

PHPビジネス新書

入門　AIと金融の未来

野口悠紀雄　著

AIが金融にもたらす革命的変化は、我々の生活をどう変える？　読めば「お金と経済」の未来が見えてくる、フィンテック論の決定版！

定価　本体九一〇円（税別）